Dentro de la Mente de un Joven Emprendedor

CÓMO EMPEZAR A EMPRENDER

GABRIEL MARTE

Publicado por Gabriel Marte, 2017.

ISBN-10: 1548322695

ISBN-13: 97815483226

[Dentro de la mente de un joven emprendedor]: *[Cómo puede un joven empezar su propio imperio]*

Por [Gabriel Marte]

La promesa / Propuesta de valor / Pequeño resumen:

• [Este libro le proveerá a los jóvenes las herramientas y la motivación para salir de su zona de confort y retarse a vivir una vida con propósito y hacer un impacto en el mundo.]

Meta del/los autor(es):

• [Conectar con jóvenes que están luchando]
• [Proveer herramientas reales para sus vidas]
• [Motivarlos a realizar cambios reales y duraderos]

Audiencia(s) Anticipada(s) (Y Sus Beneficios De Leer El Libro):

• **[Jóvenes de 16-24] + [Qué hacer luego de la escuela, teniendo la toda la vida profesional por delante]**
• **[Jóvenes adultos desde 25-30] + [Personas que quieren cambiar su norte y empezar algo nuevo]**
• **[Adultos desde 30+] + [Conocer la forma de pensar del joven milenio y cómo están teniendo éxito, y aprovechar la oportunidad]**

Tabla de Contenidos

Agradecimientos

Prólogo:

Dentro de la mente de un joven emprendedor

Por César Cordero

Escribir el prólogo de un libro es siempre un reto que se convierte en honor y a la vez en una distinción que hace el autor a quien selecciona para esta tarea. En mi caso agradezco de corazón a este joven emprendedor el que me haya seleccionado para tan importante encomienda.

Vivimos en un mundo donde cada día la información se duplica y crece de manera exponencial en todos los ámbitos y el escribir libros no escapa a ello. Hoy tenemos tantas versiones de cada tema casi como personas en el mundo. Vengo de una generación donde el acceso a la información y, por ende, a los libros estaba muy limitado; hoy esto no es así. Tenemos desde los tradicionales libros de imprenta hasta audiolibros, libros virtuales y/o digitales, llegando hasta dispositivos desarrollados exclusivamente para elevar el sentido de la lectura, donde podemos tener al alcance de nuestras manos miles y miles de libros. Este es el tiempo de lo mucho en todo, y los libros son un ejemplo de ello.

Cada día se escriben miles de libros y surgen miles de nuevos autores. Entonces, las preguntas naturales que surgen son: ¿A cuál autor debo leer? ¿Qué título es el más conveniente para mí? ¿Me ayudará realmente este libro? ¿Podré aplicar en mi vida lo que expone? Todas son preguntas válidas y de peso a la hora de elegir que leer. Este libro responde a sus lectores y se responde a sí mismo en todas estas y otras preguntas que puedan surgir.

"Dentro de la mente de un joven emprendedor" es un libro de fácil lectura, con un lenguaje que simplemente conecta y que mantiene dentro de la mente de quien lo va leyendo un sentido de identidad de lo que pudiera pensar o estar pasando su lector, dependiendo la etapa de la vida que esté viviendo. Desde un joven de menos de 20 años, hasta un adulto joven de más 30 años, que es a quienes está dirigido el libro.

El ser emprendedor va más allá de las definiciones que nos pudieran dar los estudiosos del tema de hoy día, y como bien señala Gabriel (autor de este libro), ser emprendedor es un asunto de decisión más que de definición. Así que si buscas definiciones, nomenclaturas, lenguaje técnico, con grandes explicaciones, gráficos complicados y sofisticados sobre el tema del emprendimiento, entonces este no es el libro indicado. Este es un libro humano, con un lenguaje sencillo y a la vez poderoso, es un libro escrito con valentía que nos cuenta la historia de un joven (el mismo autor) que bien pudiera ser yo, ser tú, o ser el reflejo o realidad de miles, cientos de miles o millones de jóvenes alrededor del mundo.

¿Se puede o no se puede ser emprendedor en un mundo tan competitivo como hoy? ¿Ser emprendedor está reservado solo para personas con condiciones económicas adecuadas? ¿Se desarrolla el emprendimiento a partir de estudios especializados o técnicos-universitarios? No necesariamente, y es precisamente lo que nos quiere decir en su lenguaje y con su propia experiencia el autor de este libro. El mundo está lleno actualmente de jóvenes, sí, jóvenes, de menos de 30, de 25, de 20 años que han dado ejemplo de que sí se puede desarrollar una idea de emprendimiento y convertirla en éxito. Así mismo la historia nos ha dejado el legado de otra serie de jóvenes que en su época lograron lo mismo. Desde Tesla, su trabajo en el siglos pasados, sus ideas y proyectos son los que están revolucionando el mundo de hoy con los vehículos eléctricos y todo el tema de la electricidad inalámbrica, ya con equipos desarrollados y funcionando así. Einstein un joven también del XIX que desafío las leyes existentes en su época y que hoy sus enunciados y leyes son los principios que están guiando todas las tecnologías de estudio del espacio, la física y otras aplicaciones. Nuestro Juan Pablo Duarte, joven del siglo XIX que con menos de 25 años asumió el reto y compromiso de liberar nuestra nación lo que nos permitió que tengamos hoy nuestra República Dominicana. Todos eran muy jóvenes cuando emprendieron sus proyectos de vida y todos superaron grandes limitaciones y obstáculos para lograr sus éxitos.

¿Qué necesitamos entonces para realmente lograr ser emprendedores? Son varios los puntos y uno de ellos seria leer este libro completo, tomar notas, releerlo y tomar más notas. Tener la valentía y fuerza de voluntad de ponerlo en práctica. Aquí podrás identificarte con el autor y responder para ti mismo ¿Quién soy?

También podremos ver que las experiencias, por duras y negativas que parezcan, nos preparan siempre para algo mejor. Por lo tanto, aprenderemos a vivir y ver diferente la mejor "peor" parte de la vida. Y así, cada capítulo nos llevará por la experiencia de vida del autor y nos dejará respuestas desde su vivencia misma, respondiendo preguntas como: ¿Cuál debería de ser la mentalidad de un emprendedor? ¿Podremos realmente alcanzar el éxito? ¿Podemos ser emprendedores siendo trabajadores para una empresa?

Las preguntas podrían ser muchas, así que te invitamos a que mejor leas el libro y descubras por ti mismo todo lo que puedes encontrar para ti. Que abras tu corazón, le ores a Dios para que ayude a encontrar eso en lo que te puedas inspirar para poner en práctica todo lo que este libro nos deja.

Dale Carnegie, emprendedor natural de principio del 1900, famoso autor del libro "Como ganar amigos e influir en los demás" y mencionado en el contenido de este libro, decía:

"El mundo se hace a un lado para dejar pasar a aquellos que saben hacia donde se dirigen".

Y estoy seguro que Gabriel, autor de este libro, y tu también que lo tienes en tus manos y comienzas a leerlo, llegarán muy lejos por que saben dónde se dirigen.

Que Dios bendiga su caminar siempre. Con aprecio sincero,

César Cordero

Director Dale Carnegie Dominicana

Introducción:

[¿Crisis u oportunidad?]

El mundo ha cambiado drásticamente y mucho de lo que antes se consideraba como normal y la mejor forma de hacer las cosas, se ha vuelto obsoleto. Año tras año los índices de desempleo van en aumento. Los periódicos gritan crisis y las empresas cada vez más se ven obligados a rescindir de personas excelentes. En un mundo donde los procesos humanos repetitivos están siendo remplazados por la automatización, una cantidad numerosa de personas que están siendo desplazadas de sus empleos.

Por otro lado, hay otra número increíble de personas que han abandonado sus sueños por un trabajo "seguro". Esto por diferentes razones: falta de motivación, conocimiento, valentía, relaciones, dinero. Al final lo resumo en una sola causa, conocimiento. ¿Por qué? Por falta de conocimientos muchos no hemos aprendido a hacer un clic. Un clic que puede abrir una ventana de oportunidades. A falta de conocimiento, estamos en crisis.

Pero, ¿Qué significa esta crisis?

La crisis de una era es el indicio del comienzo de otra.

No nos damos cuenta que no estamos viviendo de acuerdo a las oportunidades que nuestra era nos presenta. La era industrial tuvo sus oportunidades, así mismo la era digital trae las suyas.

En este libro vamos a ver muchas de estas nuevas oportunidades, aprender a identificarlas y aprender a cómo sacarle partido.

Cuando empecé a emprender tuve problemas identificando estas oportunidades. Fue luego de intensas horas de estudio, de acción, de golpes de aprendizaje, que pude comenzar a ver resultados. Durante estos años de aprendizaje, saque lecciones súper interesantes y prácticas que ahora componen este libro.

Estas lecciones que muy con mucha sinceridad he plasmado en el libro, te ayudarán a ver bien de cerca qué debes hacer para emprender, y qué cosas debes de evitar al empezar. El libro esta lleno de consejos acerca de cómo trabajar con nosotros mismos para poder llegar a explotar nuestro potencial.

Rigo, mi peluquero, estaba descontento con su empleador. No se sentía que recibía un trato justo por el trabajo que estaba aportando y sabía que era capaz de hacer mucho más. Un día fui a la peluquería a reunirme con el dueño para ayudarle con algunos detalles de logística. Era algo que yo quería hacer, sin dinero a cambio, para ayudar. Ellos no estaban interesados. Rigo, por otro lado, quiso hablar conmigo. Trabajamos los temas que expongo en este libro y Rigo empezó a trabajar por su sueño. Solo tardo tres meses en mandarme un mensaje dándome las noticias de que lo que había comenzado como compartir un deseo conmigo, se había materializado en un negocio real gracias a la motivación y a algunos pasos prácticos.

Te prometo una lectura divertida, honesta e instructiva. Incontables horas de estudio y vivencias están concentrados en este libro para que no tengas que ir a 10 libros a encontrar lo que puedes aplicar de un solo. Cada capítulo trae sus anécdotas para aterrizar las enseñanzas y entender cada detalle.

Rigo fue proactivo, él no quería seguir esperando sabiendo de lo que era capaz. De haberse puesto él a pensar en que era difícil o que no tenia dinero, aun estuviera descontento con un empleador que no era justo con él.

El cambio es definitivo y no perdona a nadie. Como decidamos enfrentar esta situación decidirá el resultado de nuestras vidas. Quejarse de que tan difícil es, no va a cambiar nada, actuar lo hará. La información está, y muchos están tomando la decisión de consumirla y actuar sobre ella. Ahora te invito a que empieces a leer este libro y saques todas las enseñanzas que puedas.

Para ti, madre.
Veo tus ojos iluminarse
con todas y cada una de mis ideas.
Gracias por creer en mí.

Y para todos aquellos
que no quieren esperar a chocar con
la realidad de que el mundo cambió,
y quieren una forma de crear
su propio camino.

GABRIEL MARTE

Primera Parte

Conozcámonos

GABRIEL MARTE

Capítulo 1

¿Quién soy?

Mi nombre es Gabriel y en este momento tengo 24 años de edad. Nací en Santiago, República Dominicana pero pronto nos mudamos a Santo Domingo, la capital del país y donde he vivido 23 de mis 24 años.

En términos económicos, no vengo de una familia acaudalada pero tampoco está sumergida en la pobreza marginal. Una clásica familia clase media sobreviviendo en un país tercermundista. Mi papá es un arquitecto que no vive de su profesión. Ha construido diferentes negocios. Y mi madre es asistente de contabilidad. De pronto, no suena tan difícil para el lector, que yo escriba un libro acerca de negocios. Padre emprendedor, dueño de empresas, pero no es como parece.

Desde pequeño los negocios de mis padres no han funcionado del todo y han dejado a la familia en deuda. Algo que siempre ha causado una gran impresión en mí mientras crecía.

Desde pequeño me decían que tenía gran potencial, pero que no tenía la disciplina requerida para que me fuera bien. Mis profesores me decían una y otra vez que de la forma en que yo iba, no llegaría a ninguna parte, pero que si tomaba responsabilidad sobre mi vida, podría aprovechar mi potencial. Siempre me hice la pregunta de qué veían en mí ya que no sentía absolutamente nada especial. Y en verdad eso se lo decían a otros de mis compañeros. En verdad no era horrible en matemáticas, aunque mis profesores no soportaban que yo hiciera el cálculo mental y pusiera la respuesta. Siempre insistían en que escribiera el proceso. Algo que siempre consideré estúpido. Honestamente, ese era yo en otras áreas de mi vida. Aprendí de la manera dura, que el proceso para realizar un problema, no sólo de matemáticas, es necesario.

En lo único que me consideraba realmente bueno era en los deportes. Siempre pasaba el tiempo en alguna clase de deportes mientras crecía. Desde básquet, béisbol, natación, tenis, ping pong, y mi favorito: el fútbol, al que aún trato de mantenerme envuelto. (aunque se me dificulta como descubrirás más tarde en el libro.)

También amo la música. Escucho largas horas de música casi todos los días. Mi interés en la música me llevó a los instrumentos. Y en la secundaria, aprendí a tocar guitarra gracias al Internet.

En la secundaria, un hermoso lugar donde todo estaba bien, es donde quiero empezar. Tenía una novia que amaba, jugaba deportes, veía muchas series de TV, jugaba videojuegos por horas y tenía toda mi vida para decidir qué quería ser, ¿cierto?

En este punto mi meta era ser futbolista profesional o estudiar diseño gráfico. Yo practicaba futbol por horas, todos los días. Y tuve la suerte de siempre jugar con mayores que yo. Si algo aprendí acerca de esa etapa, es la importancia de la persistencia y de hacer algo que uno disfruta. Tan pronto como empecé a jugar futbol, dejé de hacer la tarea. Jugaba por largas horas todos los días, y me refiero a todos los días.

Eventualmente me volví un buen jugador y se me dio la oportunidad de aplicar a una beca para estudiar en los Estados Unidos. Era todo un plan maestro. Quería destacarme a nivel universitario, saltar a un equipo de la liga profesional americana, y dar el salto a Europa. Era todo lo que quería. Nunca hubiera esperado lo que pasó luego, pero me dio la fuerza para tomar las decisiones necesarias más tarde en mi vida.

Capítulo 2

La "mejor" peor parte de mi vida

Parte I

El lunes 12 de abril del 2009 cerca de las 5:05 PM, un horrible evento cambiaría mi vida. Estaba representando a mi colegio en un torneo de fútbol nacional. Estaba súper preparado. Tenía meses con la vista puesta en el torneo y estaba en la mejor forma física de mi vida. El juego empezó a las 5:00 de la tarde. Cinco minutos después, en una jugada, la pelota venía hacia mí. La pateé tan fuerte que ambas piernas se despegaron del suelo. Cuando aterricé en mi pierna izquierda, un jugador del otro colegio chocó contra mi rodilla por el lado derecho, interrumpiendo el movimiento natural de mi rodilla y desgarrando mi ligamento cruzado anterior. No tenía idea de qué había pasado, sólo sabía que no sentía mi pierna desde la rodilla hacia abajo.

Fueron los siguientes 5 minutos más lentos de mi vida. Me ayudaron a recomponerme y abandoné la cancha. Me hicieron una resonancia magnética, y el doctor confirmó lo peor. Ruptura de ligamento cruzado anterior, una de las peores lesiones para un futbolista. En ese momento la situación económica no era la mejor, el seguro no cubría la cirugía, que estaba completamente fuera de presupuesto.

Me otorgaron un 66% de la beca por ayuda financiera, pero perdí el 34% que obtendría por deporte. Entendiblemente, con un ligamento roto podría ser David Beckham y no se hubieran arriesgado.

Sólo para entender qué tan seguro estaba de que me iba a los Estados Unidos: ya tenía hasta el dinero del vuelo. Un amigo del jefe de mi papá me lo había dado de regalo. Después tratamos de conseguir ayuda y patrocinio para la operación o para la beca, pero no lo logramos.

Luego, la situación financiera de la familia se extremó a tal nivel que terminamos usando el dinero del viaje para comprar comida. Me río ahora mientras recuerdo lo difícil que fueron esos meses. Y cómo se sentía como que no había salida. Esos momentos me enseñaron que es ahí donde uno o para, o crece.

Mi sueño de jugar fútbol me fue quitado, y luego la idea de estudiar diseño gráfico tampoco parecía tan atractiva. Mi novia era de un estrato social más alto e indirectamente me empujaba a ser mejor y querer más. Yo no estaba convencido que esa carrera le daría el estilo de vida que ella acostumbraba y yo le quería dar. Al menos en mi país, donde ese trabajo no se paga tan justo como debería. Así que empecé a buscar alternativas.

Durante este período tuve la oportunidad de conocer los amigos de mi novia y a sus familiares. Por primera vez en mi vida estaba en ambientes llenos de personas exitosas de negocios y podía conocerlos, hablar con ellos y aprender de ellos. Mi relación con ella cambió mi vida en diferentes aspectos. Ya no veía a los ricos como extraterrestres y me di cuenta cómo habían estado alrededor de mí y era posible tener acceso a ellos. Sólo necesitaba conocer a la gente correcta. Yo tuve una oportunidad que muchas personas no tienen, y esta es la de poder ver gente adinerada.

Una de las razones por la que muchas personas nunca tienen la meta de adquirir riquezas es porque no están acostumbrados a verla. No conocen gente adinerada, van al colegio con gente que no es adinerada, se juntan y pasan el tiempo con gente que no es adinerada. Y como dice el dicho, "las aves de la misma especie, se mantienen juntas." Y así crecen y pasan su vida entera sin siquiera pensar que tienen la oportunidad de generar riquezas.

Así que yo traté de aprender mucho de ellos y estar cerca de ellos. Esa es una parte de generar recursos. Más adelante en el libro hablaremos más del significado de una persona generadora de recursos. De la cual conocer a las personas indicadas es una gran parte.

Continuando con la historia, la realidad de que tendría que quedarme a estudiar en la República Dominicana comenzó a asentarse. Así que me inscribí en la universidad para la carrera de Negocios Internacionales, la cual he odiado en clases pero amado en la práctica.

Capítulo 2

La "mejor" peor parte de mi vida

PARTE II

Disfrazada de buenas noticias, recibí otra beca. Esta vez aquí en la República Dominicana y para estudiar la carrera que había decidido, Negocios Internacionales. Fue completamente sorpresivo pues no la estábamos buscando, y me subió el ánimo después de haber perdido la oportunidad de estudiar fuera. Por tres semestres todo iba bien, normal. Si tan sólo hubiera sabido cómo iba a ser sometido a pruebas hasta mi límite en los siguientes meses.

Al final del tercer semestre, recibí una llamada y fui informado de que necesitaba pagar el semestre. Inmediatamente llamé a mi padre, quien trabajaba para la organización gubernamental que otorgó la beca, y él resolvió el problema. Todo parecía resuelto hasta el final del semestre, sorpresivamente no estaba en la lista de las clases. Se me informó que por falta de pago, no podría tomar los exámenes finales.

Después de hablar con las autoridades de la universidad, no se pudo solucionar la situación y tuve que repetir el semestre.

Al final del siguiente semestre, lo mismo pasó. Cuando me llamaron pregunté cuánto era el monto que debía. Estamos hablando del quinto semestre. El representante me dijo que debía el monto total de la carrera ya que nunca se había pagado nada. Me asusté muchísimo al oír eso.

¿Cómo era posible que tenía tanto tiempo en la universidad y no se me había informado acerca de ese atraso? El representante me explicó que la beca venía de una organización del gobierno, y estas acostumbran a pagar tarde. Así que no era algo que saliera de lo ordinario. Ellos simplemente asumieron que tarde o temprano se saldaría la deuda.

Luego, fuimos a las oficinas de la organización y nos dieron las malas noticias. La beca fue un error. No se otorgan becas a los hijos de empleados, sino tan sólo a los empleados. ¡Qué desastre!

Así que con una deuda de cinco semestres y toda clase de cargos por atraso, no tenía opción que tomar un préstamo y pagar o perder lo que llevaba de carrera. Tomé el préstamo, lo que significó buscar trabajo. En ese momento yo era un desastre y para coronar, mi novia me dejó. Y por cierto, tuve que repetir el semestre por tercera vez.

¡Qué tiempos!

Entiende esto: empecé a trabajar como especialista de soporte al cliente en un banco de 1:30 pm a 6:30 pm por cerca de 1.27 dólares la hora. No es nada, pero de verdad necesitaba el dinero.

Cuando terminaba ese trabajo de medio tiempo, iba a un centro comercial hasta las 10:00 pm a esperar que mi hermana saliera de la tienda en donde ella trabajaba.

Luego, mi padre nos buscaba e íbamos a la casa.

Meses después, un dueño de tienda del centro comercial, que conocía a mi hermana, me preguntó por qué siempre estaba de 7:00 pm a 10:00 pm en el centro comercial. Después de que le expliqué él me ofreció otro medio tiempo en su tienda de por este horario, al lado de donde mi hermana trabajaba. Lo tomé y ya podía costear el pago del préstamo y transporte para ir a la universidad y trabajo.

En este punto, esto era un típico día para mí: levantarme a las 6:00 am. Prepararme y alistarme para salir y montarme en un mini-bus a las 7:00 am para llegar a la estación de Metro. En el Metro, lleno como una ratonera, cruzar la ciudad para llegar a la universidad.

Estudiaba de 8:00 am – 1:00 pm. Pero usualmente salía 15 minutos antes para poder llegar temprano al trabajo. Tenía que caminar 2 cuadras para llegar a la estación de autobuses y de ahí cruzar la ciudad y llegar al banco en 30 minutos. Tal vez dos cuadras no sean nada, pero en este caso, eran las cuadras del Estadio Olímpico, que son grandes y sólo tenía 30 minutos para llegar. Tenía que caminar rápido y siempre llegaba al banco mojado del sudor.

Como este trabajo era de medio tiempo, no me daban hora de almuerzo; me daban un pequeño descanso de 15 minutos, en el que iba corriendo a la bomba de gasolina a comerme unas galletas y una bebida dominicana llamada "Mabí" que engañaba mi estómago y me hacía sentir lleno. A las 6:30 pm cuando terminaba en el banco, caminaba cerca de una milla para llegar al centro comercial. Siempre llegaba justo a tiempo o un par de minutos tarde. Por las siguientes 3 horas, básicamente vendía todo lo que pudiera y llegaba a casa cerca de las 11:00 pm.

Todos mis días eran una carrera. La tarea se hacía en el curso y mi tiempo de compartir con mis amigos se redujo a un mínimo. Podemos decir que a cero.

La mayoría de mis amigos en ese entonces se habían también vuelto amigos de mi ex, la cual tenía la súper casa en donde todos se juntaban a compartir. Fue un tiempo muy solitario en mi vida y por cerca de 5 meses odiaba cada día que pasaba. Hoy en día me siento con suerte de haber sufrido tanto y al mismo tiempo.

No hay forma de que todas esas situaciones, una detrás de la otra, no tuvieran una razón más allá del momento. Todo esto me forzó a cambiar. Esto me preparó para cosas que llegarían después.

Lección: Uno encuentra a los amigos reales cuando es fácil que te abandonen, pero se quedan igual. Algunos de mis socios son amigos de ese entonces. Gente que confío pues estuvieron en el peor de los tiempos.

Muchas personas viven una vida cómoda, y la razón por la que eso no va a cambiar es porque ellos no van a lograr un impacto en el mundo. Es por esto, que no necesitan dificultades. Si tú quieres romper barreras, conseguir grandes objetivos y hacer un cambio, prepárate, es un camino pedregoso. Cualquiera puede tener éxito, pero el éxito no es para cualquiera.

Lección: las rocas necesitan presión y fuego para convertirse en bellos diamantes.

Nunca quisiera que sintieras pena o lástima por mí, por mis luchas y dificultades. Por el contrario; estoy orgulloso de ellas y es por eso que puedo compartirlas sin tener vergüenza. El propósito de este capítulo es el de conectar con todos aquellos que de una u otra forma estén pasando por tiempos difíciles y demostrarles que se puede salir de ahí.

GABRIEL MARTE

Capítulo 3

Un cambio para mejor

Dejé el banco para entrar a tiempo completo en la tienda. Aun trabajando de Lunes a Lunes, pero por una mejor paga.

Eventualmente dejé la tienda y empecé a trabajar en un centro de llamadas. Los famosos "call centers".

Tenía un horario más normal, de lunes a viernes, donde me pagaban cerca de 3.63 dólares la hora y doble si trabajaba horas extras. Ya que estaba muy acostumbrado a trabajar horas extras, tomé ventaja de esto y empecé a hacer una buena cantidad de dinero. Empecé a comer bien, ir al gimnasio y comprarme cosas para mí. Salí más y por un año fui a prácticamente todos los conciertos que hubo en la ciudad.

Debí haber ahorrado.

También tuve la oportunidad de conocer algunas amigas y sacarlas a cenar. Nada serio al final. El punto es que por primera vez en mi vida podía ver mi cuenta del banco y decir "hoy puedo invitar a salir a alguien que me guste", sin preocuparme por la cuenta. Relativamente.

Cuando empecé a trabajar en el centro de llamadas, me dije a mi mismo, "sólo estaré aquí por un tiempo corto". Mi meta era quedarme allí hasta que consiguiera un mejor trabajo. Un trabajo en una gran compañía, haciendo algo relacionado con mi carrera. Pero a los cuatro meses fui promovido. Luego, estaba a punto de renunciar y me promovieron nuevamente.

Esto pasó 4 veces en un año hasta que me convertí en administrador de cuenta de redes sociales para la compañía; una posición a la que todos querían llegar. En esa posición me mantuve por más de un año y hoy me arrepiento de eso. Uno debe sacar lo mejor de cada situación en la vida; yo honestamente no sé si lo que saqué de esa experiencia de trabajo, necesitaba tanto tiempo. Mejoré mi inglés e hice cerca de 4 buenas amistades. Eso fue positivo.

En mi último mes en el call center, empecé un negocio multinivel de redes de mercadeo. Y podemos llamar a este mi primer gran fallo. Este negocio cambió completamente mi vida e hizo tal vez el 40% del emprendedor que soy hoy en día. Recuerdo un domingo que llegué de una conferencia, empaqué mi consola Xbox y no la volví a ver hasta que la vendí. Tomé una decisión firme y me olvidé de los videojuegos hasta que logre mis metas.

Ahora hasta vergüenza me da si me da decir que soy bueno en algún videojuego, pues ahora entiendo y siento que perdí tantas horas de mi vida en algo que no es productivo.

No puedo imaginarme a nadie exitoso contándome qué tan bueno es en un video juego. Al contrario; muchos critican la práctica. A menos que sean exitosos del mundo de los videojuegos.

Ten en mente que en este momento yo soy un joven de 24 años. No un viejo que no sabe divertirse. Soy igual que millones que juegan videojuegos. Y sé que es posible vivir sin ellos, y hasta saludable. Y por si acaso, todavía me gusta jugar. Sólo que prefiero invertir el tiempo en otra cosa.

Estoy muy agradecido con mis padres ya que aún en los tiempos difíciles, ellos me mantuvieron ocupado jugando y practicando deportes en vez de viendo caricaturas. Tengo la certeza de que parte de la capacidad de tomar algunas decisiones "difíciles" se formó con la disciplina del deporte.

Volviendo a la historia. Con esta mentalidad y un deseo genuino de crecer, conseguí otro trabajo. En este, recibiría muchas lecciones en muy corto tiempo. No me malentiendas; no fue que me gustó este trabajo. Fue la peor compañía para la que he trabajado.

En el centro de llamadas estaba haciendo de 700 a 900 dólares mensuales, y esta empresa estaba a punto de abrir una nueva tienda. Me entrevistaron y me hicieron promesas de todo tipo. Crecimiento personal, una buena paga, nuevas experiencias, posiciones administrativas, redes sociales, desarrollo de negocio y todas esas cosas en las que estaba interesado.

Acepté y cometí el error de ir a trabajar para ellos sin firmar nada. Ellos mintieron y yo empecé a ganar cerca de 320 dólares al mes, mientras les ayudaba a lanzar una mega tienda.

Imagina a este joven con una mentalidad emprendedora, pensando acerca de la libertad financiera con este negocio multinivel (que tuve que parar al trabajar para esta compañía debido a la cantidad de horas que estaba trabajando a la semana) tratando de sobrellevar todo, trabajando para esta gente. Después de un mes de incontables horas extras, lanzamos la tienda exitosamente...

...el día de mi cumpleaños.

Un pequeño detalle, ese semestre no pude entrar a la universidad debido al horario abusivo.

Los días pasaron y el día de cobro llegó. Se suponía que nos pagarían el tiempo extra que trabajamos, y estamos hablando de cerca de mil dólares en valor de horas extras. Ellos me dieron cerca de cien dólares y me dijeron: "Nosotros sabemos que no necesitamos hacer esto porque nosotros no pagamos horas extras, pero la compañía valora tu trabajo y de buena fe te estamos dando un bono"

¿De buena fe? ¿Yo trabajé como loco y de tu buena fe me sale un bono? Eso fue todo lo que pensé. Pero dije que era injusto que no estuviera trabajando en la posición que me ofrecieron y tampoco estaba recibiendo el salario que me fue prometido, de pronto estaba atrasado en mis cuentas. Les dije que necesitaba recibir el dinero que me prometieron y me quejé de que esa posición no era la que me tocaba.

Me llamaron a una reunión con el hijo del dueño. Este joven acababa de salir de la universidad y le habían dado la posición que me prometieron a mi. Imagínate, de entrada, no me caía bien el muchacho. Había oído del comentario, "aguantarle cosas al hijo del dueño", pero nunca había estado en la posición de hacerlo.

En la reunión él se encargó de darme una charla motivacional y habló mucho de nada. La reunión terminó con la pregunta, ¿aún quieres trabajar aquí?

Mi respuesta fue: "La verdad no sé. Esto no fue lo que se me ofreció".

Pasó un día y me llamaron a otra reunión, sólo que un poco menos personal. Con la contadora de la empresa para dejarme saber que estaba despedido.

¡Boom! Fue un sentimiento extraño. Me sentía de cierta manera aliviado, como que ya no tenía una carga en mi espalda. Pero por otro lado me sentía horrible; avergonzado y humillado. Fue un frio intenso en el estómago que no quiero volver a vivir.

Me despidieron por concepto de "manipulación". Estoy tan feliz de que eso haya pasado en no menos de dos meses.

Robert Kiyosaky dice, "Lo importante no es qué tanto tú sabes, es qué tan rápido puedes aprender". Y yo aprendí mis lecciones muy bien en esos dos meses.

Lección: no se debe trabajar para nadie sin un acuerdo legal.

Cuando las cosas se extreman y ellos son los del dinero, siempre estaremos en el filo de la navaja. Y si no tenemos nada que nos proteja, nos dejarán ir sin aviso.

Lección: siempre ve la milla extra pero ten cuidado de no ir dos millas extras. Las compañías no están buscando personas que hagan más de lo que se les pide. Nadie trabaja gratis y las compañías muchas veces sólo están dispuestas a pagar por lo que se le asigna al empleado. La mayoría de las empresas no están buscando líderes o personas "inquietas". Están buscando ovejas.

Lección: a pesar de lo que digan, el empleado es 500% reemplazable. Si te quieren, te harán soñar, te prometerán cosas y te harán sentir como que nunca te cambiarían. Este es un mundo egoísta y todos están buscando lo mejor para sí mismos. Tan sólo necesitas tener un error el día equivocado.

Lección: lo más claro, lo mejor. Asegúrate de que sabes exactamente qué estás supuesto a hacer, y que los otros también lo sepan. En ocasiones estuve haciendo tareas que el dueño de la empresa me asignaba, pero mi supervisor directo no estaba consciente de ello. La persona que terminó despidiéndome dijo que yo estaba haciendo parte de su trabajo como si fuera mío.

Lección: tómalo como un profesional y no dejes que te hundan. El día que me despidieron tomé mi carta de despido, y di las gracias por la experiencia y que esperaba que nos pudiéramos ver de nuevo en otra ocasión. Me despedí de mis sorprendidos compañeros de trabajo y le dije al dueño de la empresa que aunque yo sentía que las cosas no se manejaron de la manera más justa, que le deseaba todo el éxito. Su esposa sí trató de ser poética conmigo y de decirme que iba a llegar lejos si confiaba en mí mismo. Yo sabía de mi potencial, pero ellos no estaban dispuestos a pagar por él. Y ese fue el final de ese capítulo.

GABRIEL MARTE

Capítulo 4

Tiempo de aplicar las lecciones aprendidas

Después de siete años de experiencias laborales, había sido despedido por primera vez. Y para empeorar la situación, también mi padre. Hubo cambio de gobierno, y muchas personas que trabajaban en instituciones gubernamentales fueron despedidas.

Fue tiempo de asustarse, había facturas para pagar, y los dos salarios más fuertes de la casa fueron cortados. Sin embargo, para ser honesto, no sentí nada de miedo.

Los amigos y familiares lo suficientemente cercanos como para conocer la situación ofrecían posiciones y soluciones. Yo no estaba muy alterado con la situación. En este punto, ya sabía lo que era tener hambre y sabía cuál era el resultado de tomar el camino fácil. Sabía lo que era tener 1, 2, 3, 4 empleos distintos y seguir escalando hasta que algo malo pasara.

Tuve que parar la universidad, pues no tenía cómo pagarla. Y todos me preguntaban por qué. Algún desesperado me decía, "vuelve al call center", a lo que le seguía un rotundo "no".

Tal vez esto sea difícil de entender, pero estaba disfrutando mi hambre. Y sabía que me estaba llevando al éxito de una u otra forma. Por supuesto, estaba leyendo libros acerca de empresarios y emprendedores.

Sólo recordaba la historia de Kiyosaki viviendo con su esposa en un carro viejo en el libro "Padre Rico, Padre Pobre", antes de hacerse multimillonario. Robert Kiyosaki, es un empresario que pasó de la deuda y vivir en su carro, a ser inversionista de bienes raíces y escritor de libros en las listas de más leídos con más de 26 millones de copias vendidas. Lo mencionaré algunas veces más, ahora que todos sabemos quién es.

Desde que empecé a leer libros acerca de este tipo de personas, tomé una decisión.

"Desde ahora en adelante necesito empezar a pensar como estas personas exitosas y actuar como ellos".

Entonces, eso fue lo que hice después de haber sido despedido. Vamos a analizar esto por un minuto. Ya sea un graduado universitario o grado de maestría, el proceso parece el mismo pero a mayor escala. Como estudiante tenía trabajos normales, fui promovido, experimenté una mejora relativa en mi estilo de vida y de pronto, en un abrir y cerrar de ojos, no tenía como sostenerlo. No creo que sea lo suficientemente estúpido como para repetir ese proceso.

Einstein dijo en una de las citas más mencionadas de todos los tiempos, "Locura es hacer lo mismo y esperar un resultado distinto."

¿Qué tal si yo me gradúo, consigo un buen trabajo y mi vida obviamente experimenta cambios? Me caso, tengo hijos y de pronto me uno a la inmensa ola de grandes profesionales que, por cortes de presupuesto, diferencias con la gerencia o cualquier otra razón han perdido sus empleos. No iría a casa de mis padres como hice esta vez, hasta conseguir algo más. El problema es que tendría que ir a mi casa y decirle a mi esposa que tenemos que ver cómo pagar el colegio de los niños el próximo mes.

Y esa es la realidad de muchas familias hoy en día. Fue la realidad de mi propia familia. Llegar del colegio un día cualquiera, ver a mi papá temprano en la casa, preguntar qué sucedió y oír que lo despidieron.

Al menos mi padre nunca paró de buscar soluciones y cosas que hacer. Así fue como desarrolló diferentes negocios con los que pudo proveer para nuestra familia. Conozco familias donde los padres se resignan a quedarse en casa.

Yo siento que tuve suerte de experimentar este golpe a una edad joven mientras tengo techo y ayuda parcial de mis padres. Esto me hizo cambiar mi mentalidad 180 grados para así prevenir que eso pase en mi futuro. Y es mi pasión y deseo que pueda ayudar a otros a ajustar su mentalidad con mi testimonio, sin que tengan que chocar con tan cruda realidad. En el lanzamiento de la tienda de la que me despidieron, había una modelo que conocí. No me imaginaba que ella era una emprendedora. Una chica genial con una mentalidad diferente. Nos hicimos amigos al instante. Ella me entró a su proyecto de bienes raíces y me convertí en un agente inmobiliario. Trabajaba con ella todos los días visitando apartamentos, vendiendo un complejo del gobierno entre otras cosas.

Numero de propiedades vendidas por mí = 0.

La compañía era seria y ella hacía mucho dinero con su negocio. Pero yo no pude hacer una sola venta.

Algunos lo podrán ver como una pérdida de tiempo. Pero lo que aprendí es algo que nunca voy a olvidar y puedo utilizar en el futuro. Ahora tengo contactos que no pensé tener y estoy conectado con personas que de una u otra forma pueden ayudarme.

Ahora, aunque no sea agente inmobiliario, puedo ayudar a alguien que necesite una propiedad. Tengo las herramientas y puedo comisionar. Pero en ese momento no logré concretar nada. Otro proyecto que no estaba funcionando para mí y yo estaba sobreviviendo vendiendo los productos de mi negocio multinivel. Eso fue suficiente para cubrir necesidades bien básicas y mi madre proveía para la comida.

En ese momento de mi vida, estaba en casa comiendo libros e información en Internet acerca de negocios. Googleando mucho. Desde que me despertaba hasta tarde en la noche. Yo había decidido que no iba a trabajar para nadie a menos que fuera un trabajo que amara y me diera claras oportunidades de crecer personalmente y acercarme a quién quiero ser.

Las cosas aparentemente no cambiaban y estuve a punto de rendirme cuando recibí una oferta para trabajar en un banco internacional. El salario rondaba los 900 dólares al mes. Estaba muy interesado ya que de verdad necesitaba el dinero. Me tomé una semana para pensarlo bien y hasta fui a la entrevista de trabajo.

Y logré ser seleccionado.

En ese momento me llamó mi primo y me contó acerca de una idea de negocios que tenía y quería empezar, la cual sonaba genial y me daba la oportunidad de hacer eso que quería: emprender. El problema es que el salario no sería ni la mitad de lo que era el del banco. Como es entendible al principio de un negocio, los salarios pueden ser muy reducidos ya que se trata de utilizar el dinero para sacar la compañía a flote.

Tiempo de decidir. De ser un muchacho cuyos muñequitos favoritos eran los Padrinos Mágicos (porque deseaba que me concedieran mis deseos y esto es 100% real), de odiar el transporte público y estar acostumbrado a la comodidad total, de pronto me sentía un joven maduro que sabía lo que era sufrir y no se iba a asustar fácilmente al encarar los problemas.

Busqué consejos de diferentes personas y pude ver como cada una de sus opiniones iba directamente proporcional a su trabajo. Le pregunté a un amigo con tres hijos, que es exitoso y tiene un gran empleo en un banco, y esto me dijo, "las cosas están muy difíciles ahora mismo como para empezar un negocio. Tú no sabes si te va a ir bien, pero sí sabes que al final del mes, en el banco, tienes tu sueldo seguro".

Por otro lado, le pregunté a un joven emprendedor que había aparecido en la revista Forbes RD dentro de las 30 promesas para negocios, y él me dijo, "Viejo, yo odiaría un trabajo en un banco y odio tener un jefe. Yo siempre te recomendaría venir al lado del emprendimiento."

Y así fue el contraste con cada persona a la que le preguntaba.

Al final me hice una pregunta, ¿Como cuál de ellos quiero terminar? ¿Forzado a un horario a cambio de una buena paga en un empleo del que me pueden despedir, así como despidieron a mi tío después de ganar el gerente del año en múltiples ocasiones en una multinacional "segura"? ¿O quiero vivir como este joven que se levanta emocionado cada lunes a trabajar lo que ama?

Entonces seguí un consejo que escuché una vez que dice así, "cuando necesites consejo, ve a donde las personas que están donde tú quieres estar".

Hice una lista de pros y contras…

…Y co-fundé mi primera empresa. Una compañía de equipos de protección personal industrial. Empezamos muy fuerte. En el primer mes vendimos un poco más de tres mil dólares, y el segundo mes poco más de nueve mil dólares. Era increíble lo bien que nos estaba yendo.

Me sentía como todo un adulto. Oficina propia, llegaba temprano y me iba tarde. Como decían los libros.

Fue otra increíble experiencia, pero lamentablemente algo pasó y la empresa tuvo que cerrar. Nuevamente aprendí valiosas lecciones de esta empresa, y lo compartiré contigo para que nos podamos beneficiar de estos errores y aciertos.

Éramos cuatro socios fundadores.

Socio fundador 1, Sr. M era la fuerza monetaria. Él financió el proyecto y facilitó la infraestructura.

Socia fundadora 2: Sra. B conocía el negocio y había arrastrado muchos de sus clientes de su antiguo empleo y los trajo a nuestra empresa. Una de las razones por las que crecíamos tan rápido.

Socio fundador 3: Sr. L es mi primo, tuvo la idea junto con la Sra. B. El también conocía el mercado muy bien ya que su empleo anterior también trataba con EPP(equipos de protección personal).

Socio fundador no. 4: se me ofreció la oportunidad de correr el proyecto como Director Ejecutivo. Una gran responsabilidad y por supuesto estaba muy emocionado. Sabía que aprendería mucho y también sería jefe. ¿A quién no le gusta ser jefe?

Muchas cosas desde el principio estaban mal. Y me voy a tomar el tiempo de explicarlas y seguro no caeremos en esos errores de nuevo.

Distribución. La parte más importante de cualquier negocio que tiene un producto es la distribución. No es la calidad del producto ni el servicio al cliente. Las empresas más exitosas hacen que la adquisición del producto sea tan fácil que el cliente sólo tenga que decir "sí". Puedes tener un producto malo y un buen sistema de distribución y puedes tener éxito y hasta crecer. ¿Cuántas marcas tienen productos que son pura basura en Amazon y venden cantidades tremendas? Una compañía con un buen producto pero sin distribución, no funciona. Teníamos problemas de distribución desde el principio. ¡Nada bueno!

No se puede vender un producto que se entrega en camión y tratar de llevarlo en una motocicleta. La mayoría de nuestras entregas se hacían en motocicleta, con una persona que tampoco trabajaba en nuestra compañía. Teníamos un camión y el proceso para poder utilizarlo era increíblemente incómodo. Teníamos que llamar al chofer, que tampoco trabajaba formalmente con nosotros y decirle que fuera a la oficina a buscar las llaves del vehículo. Luego iría a donde el camión estaba parqueado y lo traería a la oficina para luego hacer la entrega. Estábamos perdiendo dinero. Pero el inversionista era el que insistía en ese proceso. Y por salvar unos centavos, perdió una compañía. O se hace bien, o no se hace.

El personal de la empresa era horrible. El inversionista tenía otras compañías y él insistió en que utilizáramos el personal de la otra compañía para hacer nuestro servicio de atención al cliente, contacto con el cliente y manejar la distribución. El asunto es el siguiente; existe un problema cuando necesitas ayuda de gente que no toma órdenes de ti. Ellos vieron nuestra compañía como una pequeña empresa que vino a molestar. Más trabajo y nadie estaba pagándoles más por esto. Es completamente entendible.

Como podrás imaginarte, la comunicación dentro de la empresa era tensa. En ese momento estaba cursando una certificación de Dale Carnegie Training acerca de comunicación y liderazgo, y usaba todas las técnicas que semanalmente aprendía para mantener el equipo a flote. Conseguí mucho, pero estas empleadas me la ponían muy difícil. A ellas les encantaba la comida, así que cualquier cosa que les diera, me compraba un día extra.

Cuando se empieza un negocio, se necesita un personal que esté 100% comprometido a la causa de la empresa. Era deprimente ver a esas mujeres esperando a las 6:00 pm para salir corriendo. Es más, a las 5:30 pm ya no se estaba trabajando. Y mientras, yo orando para que se parara el tiempo y yo poder trabajar un poco más. Y esa es una de las diferencias más grandes entre un emprendedor y un empleado. El empleado ve un lapso de tiempo en el que tiene que trabajar. El emprendedor ve a dónde quiere llegar y trabaja todo el tiempo posible para lograrlo.

Las cosas siguieron avanzando en la empresa y estábamos más o menos encontrándole el truco al negocio. Sugerí al equipo tener al mensajero permanente y traer el camión a la oficina. Hicimos eso y llegamos a tener un grado de normalidad en la compañía. Luego, algo extraño pasó.

Sra. B casi siempre andaba pidiendo un salario. Venía y soltaba la bomba. Hacía comentarios como "Con un sueldo de ___ dejo mi otro trabajo y me quedo tranquila", "Yo me retiro con un salario de tanto". Una compañía que apenas tenía dos meses. Yo por mi parte siempre sentí que esta persona quería que la empresa proveyera para ella en el momento, pero ella no estaba poniendo el trabajo necesario. Mientras tanto, ella empezó a hacer algo además de su trabajo y nuestra compañía. Abrió un negocio paralelo. Yo tuve la oportunidad de estar con ella durante el proceso de planeación del mismo. Yo vi a una persona dando patadas al aire, haciendo muchas cosas pero sin comprometerse a ninguna. Cuando su negocio abrió, nuestra empresa empezó a sufrir y el inversionista retiró el dinero. Con todo derecho, él expresó que había un acuerdo y ella no lo estaba siguiendo.

Con poco dinero y sin infraestructura la empresa siguió operando, pero estaba en caída libre.

Los socios pueden ser muy peligrosos. Siempre debemos de ser cuidadosos de con quién nos asociamos. Una de mis recomendaciones es no asociarse con una persona que no conoces. Una sociedad es como un matrimonio, necesitas conocer a la persona antes de, porque cuando entren en aguas profundas tú necesitas saber con quién estas lidiando.

Continuando con la historia, moví la oficina a mi casa y seguí operando desde allí, ya que no teníamos mucho equipo. Un vendedor (que es la persona más trabajadora que he conocido), las chicas de la distribución, mi primo y yo. Mi trabajo en ese momento eran proyecciones (basura) y básicamente ser el enlace entre todos. No era fácil pero era mi trabajo. Por momentos lo odiaba, pero estaba tan feliz de estar creando una empresa que el hecho de que algunos días eran muy difíciles, no bastaba para hacerme sentir mal.

Capítulo 5

Segundo salto emprendedor

Mientras la compañía seguía en caída libre yo no tenía mucho trabajo. En mi mente, había entendido que este no sería el negocio de mi vida. No era mi sueño y sus fundadores le habían dado la espalda. En los siguientes meses, pasé incontables horas aprendiendo acerca de los negocios en línea, viendo testimonios de personas exitosas, leyendo mucho y aprendiendo todo lo que podía.

A veces Googleaba "¿Cómo empezar mi propio negocio?" En serio. Y leía y me subscribía a todo aquel que decía tener la llave del éxito.

Estaba altamente motivado y mi deseo de ser mi propio jefe era aún mayor. El dinero se agotaba pero no tenía miedo.

Mi siguiente movimiento fue crear GY Investments. Mi mejor amigo y yo siempre hablábamos de emprendimientos y acerca de ser ricos jóvenes. Siempre hablábamos de nuestro deseo de financiar buenas ideas de negocios y hacer un estilo de vida de esta práctica. Empezamos esta idea e invertimos en una primera empresa, que fue la nuestra.

Empezamos una marca de equipos electrónicos.

Una de las mejores experiencias de toda mi vida de negocios hasta el momento. En mi primera empresa, aún siendo co-fundador y director general, no tomaba muchas de las decisiones que dictaban el curso de la empresa. Aquí, por el contrario, lo hago. Estaba increíblemente feliz y emocionado de empezar algo de lo que estaba completamente en control. Éramos solamente mi mejor amigo, a quien le mostré la idea, un inversionista y yo. Tuve la oportunidad de elegir el equipo y eso permitió asegurarme de que todos fuéramos en la misma dirección.

Qué bien se siente cuando las personas con las que trabajas van en la misma dirección que tú. Es por esto que considero importante conocer a quienes entrarán a ser nuestros socios en una empresa.

Luego la parte de empleados. Como pequeña empresa también teníamos que contratar personas que trabajaban autónomos, para ayudarnos con diferentes tópicos, la mayoría, temas gráficos y fotografía.

Les quiero hacer una pequeña historia acerca de alguien que ya no trabajará más con nosotros, pero era alguien que realmente quería que fuera parte de mis empresas.

Anécdota

Desde que empecé mis aventuras de negocios, necesitaba a alguien con talento que trabajara la imagen de mis compañías. Si hay algo que amo, es la imagen de un producto y de su empresa. He parado de comprar productos porque no me gusta su imagen o la imagen que su empresa y su logo proyectan. Al final del día, se nota que soy un cliente demandante. Eso me presiona a crear un producto que sea digno de comprar. Ya que soy así, empecé a usar a una amiga para que me ayudara con los logos, marca e imagen corporativa. Ella trabajaba para una agencia publicitaria pero también trabajaba personalmente para algunos clientes. Mi meta era ponerla a trabajar conmigo y que ella se encargara de todo el material gráfico de todas mis empresas. Ella trabajó en la imagen de tres empresas que empecé y un cuarto logo de un cliente que le referí, que tenía otra empresa. El punto es que le estaba dando trabajo extra, lo cual significaba dinero extra. Pero aún más importante, una conexión.

Ella tenía un problema en específico, nunca se equivocaba y no era buena cumpliendo horario. Ella hacía que las personas sintieran que, ya que ella es la diseñadora, ella siempre tenía la mejor idea. Pero como tú eres el cliente, ella oye tu opinión o sugerencia. Hay algunas personas en el mundo, como yo, que saben bien qué quieren. No sabemos utilizar un programa de diseño y le pagamos a alguien que sepa hacerlo. No tengo ningún problema con eso. Con lo que no estaba de acuerdo era con el hecho de que ella no sólo pensaba para ella que sus ideas eran mejor que las de los otros, sino que lo expresaba verbalmente. De todos modos, su trabajo era bueno, eso no era lo peor. Pasaron dos cosas más que me hicieron dar cuenta que ella no era un buen prospecto para mis empresas.

Un día, cuando se me ocurrió la idea de mi tercera empresa, ella me dijo un comentario acerca de que de nuevo venía yo con otro invento. Ella no era muy instruida en emprendimientos y al parecer no confiaba en mí. Ella no era mi empleada, así que eso simplemente me decepcionó un poco y más nada.

Ahora, lo que me hizo perder la razón fue lo siguiente. En un momento específico se me ofreció correr un proyecto de un empresario aquí en mi país. Yo recomendé, o mejor dicho exigí, que se cambiara la imagen de la empresa ya, que la imagen era tan mala que podría repeler clientes. Teníamos mucho que hace: ella haría el logo, imagen corporativa, página de Internet y todo el material gráfico de la empresa.

Ella me dijo que sólo necesitaría una semana para crear algunos logos y dejarnos saber. Era un lunes, y ella me dijo "Quizás hasta lo tenga listo para el próximo viernes". De todas formas, yo le informé al dueño de la empresa que le entregaríamos el martes de la siguiente semana. Así me aseguraría de no fallar a mi palabra.

El proceso era largo y cada paso debía hacerse lo más rápido posible para estar en vivo en el menor tiempo posible.

Una semana completa pasó y ya era el lunes de la semana siguiente cuando le pregunto por los logos. Ella me dice que no tenía nada. Le recordé que ella me dijo que en una semana tendría todo listo. Le expliqué que le di mi palabra al dueño de la empresa, faltaban 24 horas para la entrega y no quería quedar mal.

Ella se molestó y dijo que tenía mucho trabajo. Hay que tener cuidado cuando uno le da excusas a sus amigos, ya que nos conocemos, conocemos gente en común y sabemos qué hacen en su tiempo libre. Por alguna razón me enteré de que había ido al cine par de veces esa semana, aun teniendo esa responsabilidad. Aún así, está bien. Entonces, ella diría las palabras que, a mi entender, le costaron mucho dinero.

Ella dijo, y voy a parafrasear. "¿Cuál es la prisa? Después de que el logo se haga hay mucho que hacer. No es como que el logo va a ser el final de todo, así que no hay que apresurarse tanto".

Yo me quedé en blanco. En ese momento yo me rendí con esa persona. Eso que ella dijo estaba mal en tantos niveles que ni pude responder. No tenía el tiempo para explicarle y hacerle entender la importancia del tiempo de otros y de cómo al finalizar una tarea podíamos avanzar a la siguiente rápidamente. Era obvio para mí. Tampoco era la primera vez que fallaba en cumplir en el tiempo acordado, y eso es muy importante para mí. Cada día cuenta.

Ahora estamos más preparados para pagar más a las personas que hagan los gráficos de nuestras empresas. De hecho, se le pagó un viaje a California a nuestro fotógrafo para hacer una sesión fotográfica con algunos de nuestros productos de distintas marcas. Y tenemos planes de llevarlo a más lugares. Pero la actitud de esta persona y falta de responsabilidad, le hizo perder esta oportunidad.

Así que quisiera dar algunos consejos a los que quieran emprender ese camino, y qué hacer en situaciones de este tipo.

- Si eres autónomo, asegúrate de que quien te pague, sienta que sus ideas son buenas e importantes. Si no lo son, porque enfrentémoslo, algunas ideas son horribles, trata de encontrar una forma gentil de decir que existe una mejor forma.

- Trata a tus amigos con seriedad. Si estás trabajando para un amigo, nunca lo tomes de broma, o como que se están haciendo un favor el uno al otro. Trabaja tan rápido como si estuvieras trabajando para alguien que no conoces. Aun si estás trabajando bajo el descuento de "mejor amigo". El trabajo es trabajo y nunca se sabe lo que trae el futuro.

- Si eres dueño de tu negocio, o trabajas para otra persona, siempre trata de ser el mejor. Da tu máximo. No te conformes.

- Siempre entiende la importancia del tiempo ajeno. Esta es la más valiosa posesión. No dinero, ni posesiones. Tiempo.

De mi trabajo con autónomos (*freelancers*) y conversaciones con ellos, he notado un gran sentido de independencia en ellos. Ya que no están trabajando en una compañía, y son sus propios jefes. Así que, como el comprador es un cliente y no "el jefe", ellos juegan con sus propias reglas. No siempre es lo más inteligente.

A veces cuando le demostramos a un cliente que está equivocado, ganamos el argumento y perdemos la venta. Y si por alguna razón ya estaba avanzada la negociación y no se cayó la venta, el cliente se perderá a la larga. Pues no se está creando una relación. Y al supermercado no se va con argumentos ganados. Es bueno recordar siempre que a mayor relación, menor negociación.

Aunque odio ser empleado, he aprendido mucho de los años que pasé trabajando para otra persona. La responsabilidad y el respeto son muy importantes.

Continuando con la genialidad de tomar tus propias decisiones en tu empresa.

En mi primer empresa, muchas veces se elegía un producto o servicio o lo que se necesitara, por el precio y no por su calidad. A veces no les importaba la imagen de la empresa tanto como me importaba a mí. De hecho, si no fuera porque un amigo ofreció hacer el logo a un bajo costo, hubiéramos tenido un logo horrible.

Y vale la pena aclarar. El emprendedor a veces se preocupa demasiado por la imagen externa, a costa de otros temas internos de los cuales el descuido puede ser fatal. A veces esto se ve en inversiones innecesarias. Cuando me refiero a cuidar o preocuparse por la imagen, lo hago con el cuidado de referirme a las cosas que dan un retorno a nuestra inversión. Por ejemplo, para qué necesito una iMac, si lo que mando son emails y documentos en Excel. O la última impresora Bluetooth si en la empresa casi no se imprime nada.

Muchas personas caen en la trampa del buen estilo de vida. Soy emprendedor, empresario, por esto debo de proyectar lo que soy. Gastan mucho dinero en ropa, tan pronto como pueden se compran un carro deportivo, y se van de vacaciones en el tiempo de trabajar fuerte.

Es ese trabajo fuerte durante este periodo de tiempo, que significará la más cercana posibilidad de alcanzar el éxito. Debemos entender que la forma de obtener el éxito es escapando de la competencia. No vamos a obtener esto saliendo de vacaciones y gastando dinero como locos cuando hay tanta competencia alrededor de nosotros. Mientras perdemos el tiempo, hay otro dueño de negocio trabajando más rápido que nosotros.

Esto funciona en diferentes escenarios. Mientras estamos en fiestas y jugando videojuegos, está otro porciento de jóvenes, mucho menor, que se está preparando para dominar en el mundo real.

De nuevo, las fiestas y los videojuegos no están mal. Pero si la mayoría somos honestos con nosotros mismos, tenemos que admitir que la balanza está muy inclinada para el lado de diversión.

Escapamos de la competencia trabajando fuerte, pero también siendo diferentes e inteligentes.

Nuestra empresa no era el único suplidor de EPP en el país. De hecho, había muchos. Pero casi todos son buenos en algún equipo de protección específico. Nosotros teníamos lo mejor de todos. Por eso no fallábamos tan pronto íbamos a venderle a cualquier cliente. Al final caímos por razones que ya fueron explicadas. De ahí se aprende.

Si se va a competir con personas que ya son una fuerza en el mercado, debemos de ser diferentes a ellos. Ese proceso puede ser costoso, pero en eso es que se debe gastar el dinero. No en ropa y la última tecnología, si no es necesaria.

Cuando yo dije que necesitábamos un nuevo logo, algunos de los cofundadores me dijeron que la competencia tenía logos horribles y que aun así ellos vendían mucho. Pero estas eran compañías con más de 20 años en el mercado. Ni siquiera se necesitaban los logos en aquel entonces, pero ya todos los conocen. Nuestra meta era llamar la atención, ¡Somos lo nuevo!

No podemos crear una nueva empresa y esperar que tenga éxito usando las técnicas y estrategias que se utilizaban en los 80', 90' o tal vez hasta 10 años atrás. Esta es una de las tantas razones por las que fallamos en nuestros emprendimientos.

Así que no se trata de gastar mucho, sino de gastar inteligentemente.

Quería hacer una aclaración en este punto ya que hay dos lados; las personas que gastan tanto dinero en cosas innecesarias que secan la empresa a muerte. Y la gente que quiere sobrevivir con la más vieja tecnología y técnicas que retrasan la compañía hasta matarla.

…Continuando con la historia.

En esta nueva compañía, mi socio y yo somos fanáticos de una imagen de calidad y todo el tema de las redes sociales. Así que cubrimos lo básico y seguimos creando nuestra empresa.

Después de la idea de negocios, comenzamos a hacer una lluvia de ideas alrededor de nuestro negocio. Uno de los sentimientos más felices es el de soñar acerca de tu negocio. Hablábamos hasta de cómo iban a ser nuestras oficinas, cómo estarían decoradas las salas de reunión y cosas tan sencillas como que tendríamos viernes de pizza al mes, etc.

Sin embargo, la ejecución no fue fácil. Se gastaron incontables horas en aprender todo lo necesario acerca de esta forma de negocios. Comenzamos a contactar suplidores y a juntar información antes de empezar. Pagamos cursos en línea y leímos libros acerca del tema. De hecho, aún lo hacemos.

Fue difícil, pero también divertido.

Hablaremos más acerca de la creación de la empresa, pero ahora mismo queremos llegar a donde estoy hoy, para luego pasar a la parte de la mentalidad. Así que continuemos.

Luego empezó el proceso de crear diferentes marcas que aún están en proceso de desarrollo y espero compartir en un futuro cercano.

La expresión "yo creé esto" o "yo lancé esta marca" es completamente engañosa. Suena tan simple. Lo que se tuvo que pasar para crear estas marcas fue mucho. Las horas de trabajo y las reuniones con amigos que me perdí no fueron pocas.

Como antes mencioné, estaba tomando una acreditación de Dale Carnegie durante el accidentado proceso de mi primer negocio. Cuando me gradué, tuve el honor de recibir el mérito a la excelencia. Y el director de Dale Carnegie Dominicana me lanzó un reto. Quería que me involucrara como mentor y líder del curso de liderazgo de Dale Carnegie para jóvenes.

¡Wow!

Esa fue mi expresión y mi sorpresa. Este curso me ayudó enormemente a enfrentar mis temores y a hablar en público, y ciertamente me ayudó en mi negocio. Ahora, ser parte de Dale Carnegie como mentor y líder fue totalmente inesperado. Si alguna empresa iba con mi visión era esta.

Así que además de mis proyectos de emprendimiento, soy consultor de desarrollo y estoy en proceso de certificación para convertirme en entrenador de Dale Carnegie.

Podrías decir, ¿No tienes tiempo hablando de que no puedes ser un empleado? Ahora estas empleado.

Teniendo la cantidad de trabajo que me dejan mis emprendimientos, y las cosas que hago con mi tiempo, es imposible para mí mantener un horario. Así que no lo hago. Trabajo con los jóvenes cuando toca, pero eso no cuenta como trabajo para mí, es una diversión. También, acepté la oportunidad pues la entendí como la posibilidad de crecer como persona y madurar al lado de alguien que considero un mentor, el cual es el director de la franquicia. Este es también considerado uno de los mejores entrenadores de Latinoamérica. Escritor del prólogo de este libro. Aparte de eso, después de haber leído el libro "Cómo ganar amigos e influir sobre las personas", yo quería ser parte de esta organización.

Aspiras

Después de algunos meses trabajando con mis emprendimientos, mientras escribía este libro y estaba ocupado en mis proyectos, me mantenía hablando con algunos de mis amigos emprendedores y siguiendo sus emprendimientos. Uno de estos, un viejo amigo gracias al fútbol, compartió en sus redes sociales acerca de una donación que haría de artículos deportivos a un club de fútbol que estaba en necesidad de los mismos. Después de felicitarlo le pregunté un poco más del proyecto.

Tuvimos algunas reuniones y me contó de cómo quería darle forma a la organización y le gustaría que yo fuera parte de la misma. Cerca de un mes más tarde, él llegó a Republica Dominicana y junto a otros tres amigos creamos la Fundación Aspiras.

Uno de mis grandes sueños era poder ayudar a los niños de mi país. Una de las razones por la que trabajo tan fuerte y aspiro a tener muchos recursos, es porque pensaba que necesitaba ser rico para ayudar. En el proceso de fundar esta organización, entendí que hay personas que ya tienen recursos, y existe necesidad ahora mismo de esos recursos. Lo que no hay son personas que estén dispuestas a ser el canal para llevar esos recursos. Y en verdad entiendo por qué. Este no es un trabajo para lucrar, es un trabajo de sacrifico. De hecho, en todo el proceso inicial, todos los gastos fueron cubiertos por el equipo fundador, con excepción de las donaciones de equipamiento que hemos recibido desde los Estados Unidos y de diferentes empresas de la República Dominicana.

Cuando empezamos, logramos concentrar un gran equipo de voluntarios para llevar las donaciones a los niños. El equipo fundador está unido por la pasión del fútbol y la pasión de ayudar a niños de escasos recursos. Buscamos personas que tuvieran la misma pasión y formamos una tribu.

Y al día de hoy tenemos más de 20 personas en la organización. Todos estos ubicados en diferentes partes del mundo. Desde Francia, Holanda, Barcelona, diferentes partes de Estados Unidos y la República Dominicana. Miles de niños han recibido donaciones y tenemos mas de 10 clubes asociados a nuestra fundación. Y de esta organización soy co-fundador y vicepresidente.

A pocos días del lanzamiento de la fundación, nos dimos cuenta de qué rápido crecía nuestro movimiento y cuánta necesidad existía. Rápidamente nos dimos cuenta que esto era más grande que cada uno de nosotros. Al día de hoy estamos trabajando con clubes que están necesitados de las cosas más básicas para jugar. Es nuestra meta que estos pequeños tengan los materiales para que, en vez de estar en la calle delinquiendo, puedan aprender los valores que nosotros aprendimos gracias al deporte del fútbol.

76

Y avanzando vamos con grandes planes para el futuro.

Y este es el presente.

Gracias a la experiencia de mis emprendimientos he podido dar charlas en diferentes universidades de nuestro país y visitado algunos colegios para hablarles del emprendimiento.

Al momento no sé qué depara el futuro, pero estoy haciendo mi parte. Apenas son 24 años, todavía mucho más se puede hacer. Quiero ganarme el derecho de hablar en TEDx Talks y convertirme en uno de los emprendedores más influentes de mi país. Para esto, aún falta mucho trabajo.

Ya finalizando esta etapa de nuestro libro, tengo otros proyectos de emprendimiento que estamos trabajando, cosas de las que aun no me atrevo a hablar pero que al día de hoy se están trabajando.

Justo antes de lanzar la marca de electrónicos, un amigo me dijo lo siguiente: "Viejo, hay gente como yo que te está mirando, a ver cómo te va, para seguirte. Sigue como vas."

Eso fue muy motivador. Sentir que rompí el molde de lo que la mayoría hace, y hay personas mirándome para ver si funciona.

La verdad es que ya estoy lejos de donde empecé, pero podrías preguntarte ¿Cómo lo hizo?

Empezar esto no fue un "ey, vamos a crear cosas" hubo guías de paso a paso que seguimos. Muchos consejos, mentoría y aún enfrentamos muchísimos retos en nuestro camino a la libertad financiera. No estamos ahí, ni quiero pretender que así es. Pero definitivamente estamos más cerca. Ahora entraremos en el proceso de transformación. Yo tuve que aprender cómo piensa la gente de éxito que le hace generar éxito, seguido de pasos prácticos que me ayudaron y te ayudarán a ti a crear tu propio negocio.

"Está bien para celebrar el éxito, pero es más importante prestar atención a las lecciones del fracaso". B. Gates

Segunda Parte

¿Qué necesitamos para ser exitosos?

Capítulo 6

La Mentalidad Emprendedora

En el camino hacia el éxito debemos de asegurarnos de entender algunas cosas. Debemos saber a dónde vamos, cómo lo vamos a lograr y también debemos de saber o tener un estimado de para cuándo lo planeamos obtener. Aparte de tener un norte debemos de entender que hay pasos que debemos de seguir para triunfar y entender la importancia del tiempo en esta ecuación.

Básicamente debemos de saber dónde, cómo y cuándo. No te preocupes si estás un poco perdido o no sabes qué quieres exactamente, llegaremos ahí.

El emprendedor tiene un conjunto de cualidades que lo diferencian del resto de las personas. El emprendedor es audaz, soñador y es considerado el superhéroe de esta generación. Los líderes y modelos a seguir, personas que a pesar de sus dificultades se han levantado de las cenizas y han conseguido vivir lo que otros sueñan tener.

Yo entiendo que este libro no es perfecto para todo el mundo. Este libro empodera a las personas a emprender y no todo el mundo es emprendedor. Y creer lo contrario es iluso. No todo el mundo gusta de la idea y eso es 100% entendible. Muchas personas se sienten cómodos trabajando para una compañía con un salario mediocre, regular o alto. Son leales, obedecen y hacen lo que se les pide. Completamente bien, pero no es para el emprendedor. Por el otro lado, hay otro grupo que apela a algo más. Un grupo apasionado acerca de algo en específico y que no quiere dedicarse a otra cosa que no sea su pasión.

La primera categoría, los empleados, está llena de geniales, inteligentes y aplicados estudiantes. Personas que hacen su tarea, tienen buenas notas y se gradúan summa y magna cumme-laude. Y a continuación entenderemos la importancia de esta data.

A las grandes compañías les gusta el tipo de personas del primer grupo. A mí también me gustan, pero yo estoy en el segundo grupo.

Como hablábamos, este grupo está impulsado por pasión. Si nos gusta algo nos damos en cuerpo y alma. Este grupo sorprendentemente está mayormente formado de estudiantes mediocres. Estos jóvenes no son importantes para las empresas grandes. Así que, o estos se conforman con empleos mediocres, se dedican a política, o crean su propia línea de ingreso.

El primer grupo está lleno de estudiantes de A, y el segundo lleno de estudiantes de C. Ahora, ¿Por qué la comparación A vs C? ¿Hay ciencia detrás de esto?

Quisiera compartir contigo acerca de las diferencias de un estudiante A y C, porque sé que es algo con lo que muchas personas se sienten identificados, pero también es algo que el que no lo haga, debe entender. También, es interesante cómo los estudiantes de C se hacen buenos emprendedores, y es por esto que vale la pena estudiar esto.

Hay un éxito de ventas de Robert Kiyosaki llamado "Por qué los estudiantes de '10' trabajan para los estudiantes de '6' y los estudiantes de '8' trabajan para el gobierno." Es un libro genial para todos, pero específicamente recomendado para los padres obsesionados con las calificaciones de sus hijos. Sólo porque algunos chicos son buenos en matemáticas y otros no, esto no dicta qué tan lejos ninguno de ellos llegará en la vida. Hay una famosa cita de Bill Gates que dice *"Yo fallé en algunos temas del examen, pero mi amigo los pasó todos. Ahora él es uno de los mejores ingenieros en Microsoft, y yo soy el dueño"*. Explicando cómo el éxito no depende de si eres el más aplicado en el aula.

He querido compartir un poco de este material para conectar con el estudiante de C, que cree que falló en la vida porque sus padres esperaban que tuviera buenas notas, pero no logró el cometido. Pero otra persona lo hará.

Marcus Sheridan, apodado el "León de las Ventas" y orador internacional quien comparte contenido acerca de mercadeo en línea, me permitió compartir con ustedes, lo que él llama "7 razones por la que los estudiantes de 'C' aplastan a los estudiantes de 'A' en mercadeo en línea". Y se aplica genialmente al emprendimiento. Él explica que:

1. Estudiantes de C "Josean".

2. Estudiantes de C no se quedan entre las líneas.

3. Estudiantes de C no les importa cómo papi lo logró.

4. Estudiantes de C no ponen sus dedos al aire para ver a dónde va el viento.

5. Estudiantes de C no les importa si todo está bien.

6. Estudiantes de C no tienen miedo de tener mala nota.

7. Estudiantes de C entienden que no todo debe de ser su mejor trabajo.

¿Mi favorito de todos estos puntos? Del 1-7 para ser honesto. No pude elegir uno solo pero abundaré en los puntos 5, 6 y 7, porque puedo relacionarme con eso y me encantaría conectar con todo el que también lo haga.

En el punto 5, tenemos las personas que a pesar del hecho que su producto, página web, procesos y habilidades no son las mejores o están listas al 100%, lanzan y se arriesgan. Estos entienden que las cosas no necesitan ser perfectas para funcionar.

Entienden que el mejor momento es el presente. Hay otro tipo de personas que esperan demasiado y quieren que cada detalle sea perfecto; esto termina dilatando ingresos, éxito y crecimiento. Al final muchos terminan no haciendo nada.

Mi recomendación es siempre apuntar a progresar, no a la perfección. Y esa "perfección" que puede ser adquirida a veces, es el resultado de muchas imperfecciones a lo largo del camino.

Cuando empecé a escribir este libro, pensé en muchas ocasiones cómo el libro no sería perfecto ya que nunca había hecho algo parecido. O tal vez por el hecho de que antes ni siquiera me gustaba leer libros. Pero tenía una meta, pedí ayuda, leí mucho acerca del tema, trabajé y me lancé por mi meta. Este es mi segundo libro, y no tiene que entrar en la lista de los más leídos, aunque la meta no es menor de ahí. Pero lo que si sé con seguridad, es que este libro no se vendería nunca si no lo lanzo. El hecho de que ahora estés leyendo el libro, lo prueba. No dejemos que el miedo nos aleje del éxito.

En el punto 6 tenemos tal vez mi punto favorito. "No tener miedo de tener una mala nota". Y el punto no es la nota, esto va mucho más profundo.

Me encanta la capacidad que muchos tienen de ser audaces, de saber que hay grandes posibilidades de tener un mal resultado y aun intentarlo. Recuerdo amigos en la escuela que lloraban porque se equivocaron y sacaron una B. No me imagino estas personas haciendo un plan de inversión y evaluando riesgos, cosas que hay en absolutamente todos los negocios. Sería tan espantoso para ellos, que muchos no lo intentarían.

Recuerdo una joven con la que salía, que le era imposible tomar riesgos. Me decía cómo ella estaba completamente de acuerdo con que otra persona se encargara de lidiar con los riesgos mientras ella hacía su trabajo. ¡Qué decepcionante!

José Luis Corripio, uno de los empresarios mas exitosos de la República Dominicana dijo una vez, "La tendencia de toda empresa es la quiebra. Si la empresa sobrevive es porque los administradores lo impiden". Así que es cierto que las empresas quiebran, y no sólo eso, sino que es el curso natural de las mismas. El punto de eso no es que no te importe ni te de miedo fallar, hay momentos en los que estoy aterrorizado de que mi negocio pudiera fallar. Cuando pagué mi primer embarque desde China, tuve hasta pesadillas de que me habían robado el dinero. Yo pedí documentos de todo tipo y fotos de absolutamente cada parte del proceso. El punto no es que se supone que no te de miedo, el punto es que el miedo no debe pararte.

En cuanto al punto 7, "Entender que no todo será su mejor trabajo" voy a citar lo que Marcus dice, ya que lo explica muy claro.

"Me divierto mucho con debates en línea acerca de la calidad vs cantidad. En estos días, muchos quieren ser "jueces de calidad" y desprecian la idea de cualquier cosa por debajo de un diez de diez. De nuevo, esto es un disparate.

Hay tiempo para crear un video genial.

Hay tiempo para crear un video promedio.

Hay tiempo para escribir entradas de blog con horas de investigación .

Hay tiempo para juntar algo en veinte minutos.

Hay tiempo para tuitear pensamientos inspiradores.

Hay tiempo para tuitear lo que comiste en la cena.

A nivel personal he tenido increíbles resultados con cada uno de los puntos expuestos arriba, y estoy desconcertado por cualquiera que haga sentir a un individuo o compañía inferior porque su contenido no cayó dentro de la mística categoría de lo "increíble". Y francamente esto es tan relativo que ni existe en primer lugar."

Normalmente, esto sucede con los perfeccionistas. No se arriesgan por miedo a fallar y por miedo a no hacer un trabajo perfecto. Pero critican el resultado imperfecto del que se esfuerza.

Si eres un creador, no deberías ni siquiera tratar de crear un producto perfecto desde el inicio. Si estás creando algo completamente nuevo, se recomienda crear un producto mediocre pero que haga el trabajo.

Lo que Eric Ries describe como el MVP (Minimum Viable Product) o producto viable mínimo. Y simplemente es la versión de un nuevo producto que permite a un equipo recolectar, con el menor esfuerzo posible, la máxima cantidad de conocimiento validado sobre sus potenciales clientes. Un producto perfecto no seduce a los (Early Adopters) que quieren ver un producto al que puedan darle opciones de mejora. Así que un producto "perfecto" podría hasta ser una mala idea. Si quieres convertirte en un experto en este tema, hay un libro llamado "The Lean Startup" escrito por Eric Ries. Te lo recomiendo.

Resumiendo, los estudiantes de C son el buen tipo de rebelde. Ojo, no estoy diciendo con esto que todos los estudiantes de C son así, o que los estudiantes de A no pueden triunfar en los negocios y el Internet. Pero sí es cierto que algo tiene el estudiante de C con ser más arriesgado. Así que si la escuela no fue tu fuerte y te dijeron que te iba a ir mal en la vida por esto. No es cierto, pero necesitas hacer algo al respecto.

Muchas veces los estudiantes de C son destruidos por sus notas. Es importante entender que son estudiantes mediocres, no necesariamente gente mediocre. El éxito no está siempre relacionado con qué tan bueno se es en la escuela. De hecho, Ernst & Young, la quinta reclutadora de graduados más grande del mundo, removió la clasificación de grado de los criterios de entrada bajo la declaración "No hay evidencia de que la universidad lleva al éxito".

En cuanto a la posibilidad, ambos estudiantes de A y C tienen lo que se necesita. Todo se resume en la actitud y deseo de trabajar de ellos. Y repito, hay que estar dispuesto a trabajar duro por ello.

***

Para dar un poco mas de profundidad a este tema les comparto la información de un reportaje compartió *Time Magazine* junto a *Money* en la que se hizo un estudio a los *Valedictorian* de la secundaria, los estudiantes mas destacados. Karen Arnold, una profesora de la universidad de Boston tuvo esta curiosidad y empezó una investigación para saber que había pasado con estos jóvenes promesa.

Ella siguió a 80 de estos jóvenes para saber que pasaba con ellos luego del colegio. El 60% de ellos se graduaron de la universidad. 90% de ellos están en carreras profesionales y 40% estaban en lo mas alto de su carrera.

Pero cuando se enfocó en cambios o impacto que lograban en el mundo, ninguno de estos jóvenes lograban llenar el papel. Esto le llevo a sacar la siguiente conclusión: Como explicamos anteriormente, Karen también coincide que los colegios y universidades premian a obediencia y hasta la conformidad. La notas académicas tienen muy poco que ver con la inteligencia del individuo. Lo típico es que los *Valedictorians* sean personas bien formadas pero que carecen de devoción a un área en donde esté su pasión.

Luego ella muestra como otro estudio de 700 millonarios mostró como estos se graduaron con un porcentaje de un 2.6 en comparación con el 3.7 de porciento de los *Valedictorians*.

Nosotros podemos sacar nuestras propias conclusiones, pero cada vez mas vemos pruebas de que el sistema de medición de la calidad de un estudiante, no tiene nada de ver con el tamaño de su éxito. Y esto es importante.

Falsos Emprendedores

En el día de hoy, cada vez más, la palabra emprendedor se ha trivializado y mientras muchas personas quieren ser emprendedores por los resultados que estos promueven, muchos otros han querido adaptar el nombre, sin ser ni la mas mínima sombra del mismo. Tan pronto como una persona tiene una idea de un negocio o lee cualquier libro de negocios, se llama emprendedor.

Estas personas son la que tienen tendencias emprendedoras. Tener ideas de emprendimiento no hace a nadie emprendedor. Quieren tener su propio negocio, sueñan y hablan acerca de todo lo que van a hacer y tener, pero no ponen el trabajo. Y este puede ser el inicio de una carrera de emprendimiento, pero hasta ese momento, no es un emprendedor.

Por otro lado, tenemos un grupo de los que dejan la universidad y se comparan con los grandes emprendedores que abandonando la universidad tuvieron éxito, y así validan su idea de que la universidad es una pérdida de tiempo y no la necesitan para conseguir sus metas. Pero muchas de estas personas no hacen nada productivo con sus vidas. Esto no hace a nadie emprendedor. Esto es solo querer, solo desear. No está mal, pero no trae comida a la mesa. Para esto hay que saltar del deseo a la materialización de esos sueños. Crear y lograr, sí trae comida a la casa, y si se hace correctamente, trae riquezas. Las personas exitosas que aquellos mencionan por dejar la universidad, no lo hicieron para irse a la casa a perder el tiempo jugando video juegos y saliendo con sus amigos. Lo hicieron para entregarse en cuerpo y alma a un proyecto o causa. De manera obsesiva.

Muchos emprendedores reales, personas que trabajan arduamente y sin descanso, comparten la idea de que lamentablemente la palabra emprendedor se ha viralizado de una manera que ha traído mala cara al emprendedor honesto. Y sí, es cierto, hay emprendedores venenosos. De esos que traen mala fama al emprendimiento, de esos que venden esquemas de "hagámonos ricos en dos meses". Estas personas han hecho que el emprendedor serio en muchas ocasiones sea recibido con reservas, por el temor de las personas a encontrarse con sendo alacrán. Lo siguiente que voy a decir es bien delicado y puede quitarle la careta a uno que otro. Pero me parece importante hacer mención.

La persona que es empleado de una empresa no es emprendedor.

Esta es la regla, hay sus excepciones.

Una vez tras otra, encontramos a los emprendedores mas exitosos del mundo repitiendo una y otra vez. Ser emprendedor es algo binario. Y aunque es algo que se puede aprender y mejorar, va muy ligado al tipo de persona que así se hace llamar. El emprendedor no soporta muchas de las partes de ser empleado. Un emprendedor no soporta ser empleado. Y no estoy diciendo "no le gusta". No, eso casi nadie. Casi nadie quiere ser empleado.

Meses atrás daba una charla en una universidad y pregunté por curiosidad. ¿Cuántas personas quieren tener su propia empresa? Casi todos, de esas 300 personas, levantaron la mano. ¿Son todos ellos emprendedores? ¡Imposible! Pero tampoco disfrutan ser empleados. O sea que no es una asunto de gustar. El emprendedor no soporta ser empleado, se siente sofocado.

No es lo mismo ser emprendedor que tener tendencias emprendedoras.

Creo fielmente en lo que dice Gary Vaynerchuk.

No puedes decidir ser emprendedor, el emprendedor es emprendedor hasta en personalidad. Una serie de decisiones que tomemos, nos van a decir si somos emprendedores o no.

A continuación, algunos de las mitos:

"Yo soy emprendedor porque yo traigo ideas nuevas dentro de la empresa."

"Yo innovo dentro de la empresa."

Lamento pincharte la nube, pero lo que eres es un excelente empleado y yo quisiera que trabajes para mí. Eso tiene nombre y es: Imprendedor.

"Yo soy emprendedor porque yo hago posible que emprendedores puedan crear sus propios negocios dentro de la institución bancaria en la que laboro"

"Yo soy emprendedor porque he leído todos los libros de emprendimiento y doy consejos a los emprendedores para que tengan éxito".

¿Es ese tu negocio? ¿O trabajas para otro? Un emprendedor es dueño, no empleado.

De nuevo, esta es la regla, pero hay excepciones.

Pero algo aún más importante es lo siguiente, nosotros tenemos que conocernos. Mientras nos conocemos y estamos seguro de lo que queremos y lo que somos, dejamos de querer aparentar lo que no somos. Esto solo nos frena de llegar a donde podemos. No hay nada de malo en ser un empleado innovador, y el que se de cuenta que eso es lo que quiere, y se dedique enteramente a ello, tendrá sus resultado. Lo que está mal es pintarse como emprendedor para sentirse "cool", cuando al final del día, no solamente no lo somos, si no que nos quita tiempo de dedicarnos a lo que sí somos. Y vuelvo recalcar, no ser emprendedor no tiene nada de malo.

El momento en que te conviertes en un emprendedor es cuando finalmente encuentras eso que te apasiona y dejas de jugar en lo seguro y tomas los riesgos necesarios para cambiar tu vida y cumplir tu sueño. Decir "yo tengo una gran idea para un negocio" no es suficiente. Seguir un plan y hacerlo realidad sí. Thomas Alba Edison dijo una vez "El valor de una idea, reside en el uso de la misma". Y no es fácil pasar de tener ideas a ejecutarlas. Para eso necesitamos trabajar en nuestra mentalidad.

El activo más valioso que tiene un emprendedor es su mentalidad; el poder de superar dificultades se encuentra allí. Y ahí es donde el éxito tiene lugar, cuando no importa cuánta gente te diga que no va a funcionar y sigues tratando, no importando lo que diga la mayoría.

Yo tiendo a cuestionar lo que se le llama como "correcto" y lo que mucha gente toma como la "mejor" manera de hacer las cosas.

A veces necesitamos dejar las opiniones de lado y no andar por el camino mayor transitado, lo cual puede ser muy difícil, pero puede también convertirse en una increíble forma de experimentar las cosas de la vida que son imposible para muchos por su falta de coraje.

Ahora bien, si todos te aconsejan en contra de tu idea, examínala bien. Investiga todo lo que hay que saber acerca de tu negocio para asegurarte al menos tú mismo, que no estás corriendo a un precipicio. Muchas veces tuve ideas "geniales", que después de comentarlas y oír las opiniones de otras personas, me di cuenta que en verdad no eran tan geniales. No que eran muy difíciles, sólo que no eran buenas. No rechaces tu idea porque es difícil de lograr.

GABRIEL MARTE

Capítulo 7

La importancia de trabajar en nuestra actitud primero

¿Por qué tenemos que trabajar tanto en nosotros mismos? ¿Por qué no podemos saltar directo al negocio? ¿Cuándo estoy listo? Estas son algunas de las preguntas a las que les hallaremos respuesta en este capítulo.

Una excelente forma de explicar este capítulo, es usando el Ciclo de Mejora de Rendimiento de Dale Carnegie.

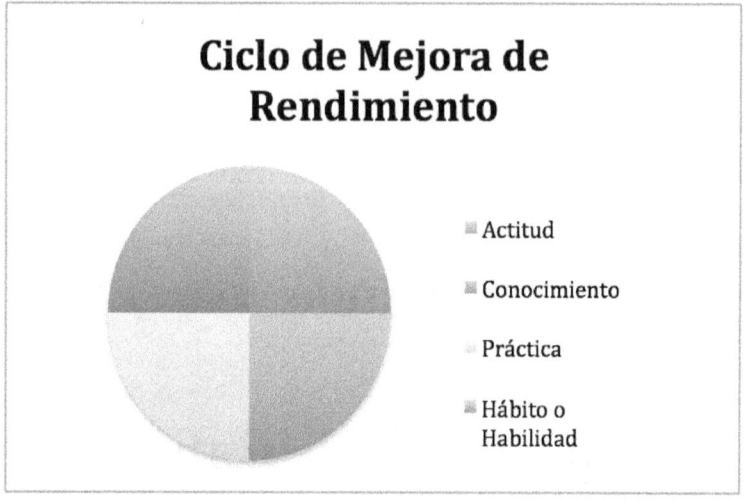

Para poder cambiar y mejorar significativamente nuestras vidas, debemos de empezar por el factor que nos ayuda a llegar a tal transformación: Querer. Si queremos cambiar nuestra conducta, debemos de cambiar primero nuestra actitud. Nuestra conducta es el resultado de nuestra actitud.

A continuación explicaremos en que consiste:

- **Nuestra actitud y conciencia de nosotros mismos.** Siendo conscientes de nuestros sentimientos y deseos, nos preguntamos qué queremos hacer y por qué queremos hacerlo. Encontrar el por qué es vital para motivarnos a luchar por el objetivo. Nos motivamos a hacerlo y llegamos al punto en que no nos importa lo difícil que parezca, estamos dispuestos a seguir. Y aquí podemos saltar al siguiente punto.

- **Conocimiento**. Ahora que tenemos una buena actitud hacia aprender algo, ya que realmente lo queremos y nos gusta, podremos pasar el tiempo necesario aprendiendo acerca de esto. Aprender se vuelve agotador y es por eso que necesitamos una actitud que nos lleve a seguir luchando por nuestras metas. Debemos de tener cuidado de no quedarnos en el eslabón del conocimiento por más tiempo del necesario. Tan pronto como hemos aprendido lo suficiente como para empezar a practicar, es tiempo de avanzar.

- **Práctica**. Aquí aplicamos el conocimiento obtenido. Este es el proceso más largo pero es el que la mayoría falla en completar. Después de practicar una y otra vez, con fallos incluidos, obtenemos un hábito y habilidad.

- **Habilidad o Hábito**. Este es el momento donde se nos hace cómodo practicar eso que nos propusimos al principio. Y ya podemos decir que estamos habituados a hacerlo y es una habilidad.

Lo mismo sucede con los negocios. Empezamos con una buena actitud hacia los negocios. Nuestro "por qué" nos empuja. Aprendemos acerca de negocios, estudiamos libros, vemos videos hasta que empezamos nuestro negocio. A veces fallamos y no parecemos entender por qué tenemos que fallar antes de tener éxito. Igual que cualquier otra habilidad, los negocios requieren práctica. Es por esto que el ciclo de mejora es importante para entender este fenómeno.

Muchas veces fallamos, pero estamos en proceso y no hemos alcanzado esa habilidad. Y aun después de dominar el arte de los negocios, estamos propensos a fallar.

Tomemos lo que acabamos de aprender y vamos a aterrizarlo con un ejemplo.

Digamos que queremos aprender a tocar guitarra.

Desarrollamos un deseo de tocar el instrumento gracias a un video que vimos o gracias a un amigo. Sentimos que nos va a gustar tocar guitarra y queremos investigar más.

Buscamos información. Comenzamos a estudiar el instrumento, las partes, los acordes y las posiciones de la mano. Esa parte es de conocimiento. Ahora, nadie se aprende los acordes de la guitarra para dejar todo ahí. Queremos aplicar el conocimiento.

Empezamos a practicar pero todavía no lo consideramos una habilidad. No decimos que sabemos tocar guitarra. Practicamos por horas cada día o tres veces a la semana. Antes o después de clases y cuando nos juntamos con amigos. Rompemos cuerdas y nuestro rasgueo es horrible y fuera de tiempo. Se cortan nuestros dedos y son lentos para cambiar de una posición a otra.

De pronto, luego de meses de práctica, empezamos a mejorar. Con algunos meses más podemos rasguear a la velocidad de una rápida canción de Rock. Empezamos a hacer progresiones e improvisamos con amigos. Y en este momento hemos adquirido una habilidad.

Para hacerlo aún más personal y práctico, compartiré un ejemplo.

Siempre he tenido problemas con los libros y con leer. Desde la primaria, hasta media y secundaria, yo nunca leí un libro a menos que fuera una asignación. Buscaba los resúmenes del libro en Google para saber de qué trataba el libro y decir que leí. Pasaba mi tiempo jugando FIFA en mi Play Station II y jugando fútbol con mis amigos. No fue hasta que yo quise realmente cambiar mi vida que me di cuenta que necesitaba libros para aprender a hacerlo. De ahí, un deseo creció dentro de mí. Y aquí encontramos el punto de inicio, en la actitud.

Luego, tomé un curso para poder leer más rápido. Fue una pequeña clase de dos horas que me ayudaba a leer más palabras en menos tiempo. Y después del conocimiento, empecé a leer. Los primeros meses tenía que forzarme a leer, hasta que estaba activamente buscando oportunidades para leer y cada vez que conseguía un libro, sentía una gran emoción. Todavía me falta mucho por mejorar en mi disciplina de lectura. Hoy 18 de junio, ya me he leído 6 libros este año. Mi meta es seguir mejorando, pero no está mal para un joven que no leía nada.

Las ganas de dominar la lectura, vinieron del deseo de crecer intelectualmente. Esto fue un deseo interno que me empujó a atravesar el proceso de forzarme a leer hasta que viera resultados.

Creemos metas, enfoquémonos en trabajar nuestra actitud y encontrar nuestro por qué, y empecemos desde ahí. Definitivamente veremos resultados.

Capítulo 8

Ser el maestro de tu mentalidad

Hemos venido hablando de cómo para poder tener cambios reales, debemos de trabajar en nosotros mismos. En las siguientes páginas, compartiremos cuales son las actitudes más importantes para obtener el éxito. Este capítulo será muy práctico. Qué ser y cómo serlo. Si queremos dominar nuestra mentalidad vamos a tener que "SER" estas actitudes y obtendremos los resultados.

Vez tras vez, de un emprendedor exitoso a otro, todos hacen gran énfasis en la transformación personal para ser exitoso. En mi camino de emprendimiento, tuve que trabajar mucho en mi persona, leer y obligarme a siempre salir de mi zona cómoda.

Como dijo Casey Neistat una vez, "tener el agarre fuera de mi alcance para forzarme a salir de allí y lograr el cometido". Vamos a entrar directo a estas actitudes y cómo podemos lograrlas.

Ser disciplinado

La mente es una herramienta poderosa y percibe nuestras acciones y las toma como actitudes. Si tomamos la decisión de empezar una dieta o un ejercicio, debemos completarlo. De no hacerlo, nuestro cerebro toma esa actitud de rendirse y cada vez somos más propensos a fallar. Es por eso que encontramos personas que se rinden en casi todo lo que empiezan. Es muy fácil para estas personas el rendirse tan pronto como cualquier dificultad aparece. Muchas veces estas personas no están cómodas con su situación y se deprimen por su falta de disciplina.

Pero estas personas no han sido siempre así. Este es un monstruo que se ha alimentado por un tiempo y ha ganado espacio en nuestra mente, se alimenta más y más con cada cosa que dejamos y es cada vez más difícil de dominar y eliminar.

Hace un tiempo atrás, estaba "conociendo" a una joven y compartíamos de vez en cuando. Uno de esos días de trabajar hasta tarde, ella me dijo que iría a una fiesta y quería que la acompañara. Yo quería ir pero elegí decir que no ya que había decidido terminar algo aquella noche. Yo le comenté que quería trabajar y ella no sólo se molestó, sino que paró de hablarme. No es su culpa, yo siempre estaba trabajando.

En este caso, aunque quería verla, yo me había comprometido a mi trabajo y prefería decirle que no a ella. Y no me arrepiento. Si le hubiera dicho que sí, quién sabe lo que hubiera pasado entre nosotros. Pero hubiera fallado a mi compromiso con mi trabajo, y tengo la certeza de que se hubiera reflejado luego.

El error de muchos, es que sólo lo vemos como un evento aislado. Pero la verdad es que lo repetimos una vez más, luego otra y finalmente, al caño la disciplina.

Salir con esta joven era lo fácil, lo cómodo. Y es por esta razón que decidí no ir. Yo cuento cada sacrificio porque sé que me acerca a mi meta. Y sé que podría sonar muy loco para algunos.

En otra situación, esto hubiera sido malas noticias para mí, pero como estaba leyendo libros acerca de negocios y oyendo los testimonios de emprendedores dejando cosas detrás, sentía un deseo extraño de coleccionar "decepciones" y sentía que cada una de ellas le agregaba a mi historia de éxito.

Hay veces que las enseñanzas y los ejercicios de disciplina son más sencillos y no requieren perder el posible amor de mi vida.

En una mañana cargada de trabajo, de pronto tenía ganas de algo tan sencillo como un video de música en YouTube. Al principio, me dije que no, ya que tenía muchas cosas que hacer y sabía que me iba a distraer. La verdad es que me pasé las horas que trabajé batallando conmigo mismo ya que no iba a parar de trabajar para ver el video. No quería terminar viendo 3 videos y perdiendo tiempo.

Alguien podrá preguntarse; ¿Por qué no ver el video y ya? ¿No estabas más desconcentrado con el pensamiento de querer ver el video? Pero lo que había detrás era una batalla para probarme que yo tenía la fuerza suficiente para decir no. La primera vez que pensé en el video estaba enfocado en mi trabajo y dije no, decir que sí más tarde me hubiera hecho sentir débil. Así que hasta que termine, me dije no, no, no, no.

Elijamos ser estrictos con los detalles más pequeños y veremos mejoras en los grandes aspectos de nuestra vida. Si tenemos algún problema específico con el que batallamos en nuestras vidas, podemos escarbar a fondo y encontrar muchas fallas pequeñas.

Personalmente, la verdadera razón por la que la disciplina es tan importante es la siguiente. Cuando estamos motivados todo viene fácil. Nos gusta lo que hacemos y nos sentimos empujados por alguna fuerza interna a hacer más y a hacerlo bien. Pero cuando no estamos motivados necesitamos ser lo suficientemente fuerte y disciplinados para hacer lo que nos toca, sin tener las ganas de hacerlo.

Y la forma en la que nosotros nos hacemos fuertes, es al decir que no a las pequeñas cosas, ganando así espacio en nuestra mente para que cuando la motivación falte, la disciplina sea suficiente.

Si somos débiles no vamos a triunfar en esta carrera. Si queremos ser fuertes, deberemos de tomar decisiones drásticas para poder cambiar nuestra mentalidad. Luego, cambiaremos nuestras vidas.

"La disciplina es el puente entre las metas y su cumplimiento"

Jim Rohn

Ser motivado

En el camino al éxito y la libertad financiera, los fracasos son inminentes. La persona que no tenga la motivación para pararse después de ser golpeado una vez tras otra, no logrará grandes cosas.

Es bueno siempre tener una motivación mejor que simplemente la riqueza o el poder. Si no, podremos conseguir dinero pero no felicidad porque nos sentiremos vacíos al encontrar que el dinero no lo es todo. Disculpen el "spoiler", pero el dinero no hace feliz. Ahora bien, habiendo dicho esto, la pobreza tampoco hace feliz.

Necesitamos formas de mantenernos en constante automotivación. La motivación se convierte en una actitud, un deseo de conseguir algo, estimulado por factores internos o externos. Así que tenemos que encontrar estos factores y encontrar una forma de mantenerlos en nuestra mente. Esto nos estimulará y nos motivará.

Tal vez nuestra actitud ganadora, deportividad o un factor externo como un carro o una casa, pueden ser esos factores que nos motiven.

Debemos de explorar y descubrir estos factores y crear una meta, visualizarla y creer que podemos lograrla.

Debemos de poder ir al futuro y sentarnos en ese carro, abrir la casa o cerrar ese trato y venir al presente y sentir esa necesidad de trabajar más duro. Encontremos esa razón que nos va a poner de pie cuando hemos sido noqueados, que te va a despertar cuando te estés durmiendo, que te animará cuando estés triste. Si no estás donde quieres estar, encuentra una razón que te va a forzar a ir a encontrar tu camino.

Hay también algunas cosas simples que pueden tener un gran impacto en tu vida. Podemos usarlos como motivación, aun las negativas. Yo veo mi carta de despido todas las mañanas; está al lado de mi cama. En el frente tiene escrito con un marcador negro "Nunca más" primero de Julio del 2015. Eso me motiva día a día.

¿Por qué? Yo no quiero sentirme forzado a trabajar para nadie nunca más. Antes estaba deprimido e infeliz. Y no tenía que ver con el dinero, simplemente no estaba motivado.

Hay diferentes formas de estar motivado. Podemos crear un mural con las cosas que queremos, lugares que visitaremos y demás. No tienes idea de la motivación que produce ver tus metas cada día. No importa la edad. Yo veo un video acerca del carro que quiero como forma de motivación. Y me imagino adentro del carro. De hecho una vez fui un paso más adelante y manejé el carro. Puedes ir a un vendedor de carros y pedir una prueba de manejo. Estás buscando para comprar un carro. No sabes cuándo, pero eventualmente lo harás. Para muchos suena tonto, pero muchos son los tontos que no consiguen nada en la vida por su falta de flexibilidad.

Tratemos de estar tan motivados que sea imposible para las personas desmotivarnos.

"La gente dice que la motivación no dura. Bueno, tampoco bañarse – por eso lo recomendamos a diario."

Z. Ziglar

Ser enseñable

En el camino para volverse mejor, tenemos que entender que no lo somos. Creo que por naturaleza somos orgullosos y pensamos más de nosotros mismos de lo que realmente somos y sabemos. Debemos de tener la humildad de ver a un profesor en cada persona. A veces sentimos que sabemos lo suficiente o que alguien no es capaz de enseñarnos, pero en verdad pueden terminar siendo útil para nuestra causa.

Podemos usar mi caso. Yo no tenía una actitud de humildad para aprender de nadie que no tuviera un gran nombre o fuera muy exitoso. Y aunque aún estoy trabajando en esta área, después de leer cómo empresarios exitosos hablan de esta actitud y cómo escuchan con atención a cualquier persona, ahora estoy más atento a escuchar a las personas para ver qué puedo aprender de ellos. A menos que sea matemáticas. De verdad que le perdí el interés.

Ser enseñable se puede resumir en ser humilde y flexible. A pesar de que muchas personas dicen que soy humilde, puedo reconocer que detrás de cámaras veía a personas que pensaba que no tenían nada que enseñarme, y no les daba el respeto que merecían.

"Mi mejor habilidad fue ser enseñable"

Michael Jordan

Ser humilde

Ser humildes no sólo nos ayuda a ser mejores en los negocios; nos ayuda a ser mejores en la vida. No ser humilde se vuelve contraproducente. Estamos tan enfocados en nuestras fortalezas que nos hacemos ciegos a nuestras debilidades, y allí caemos. Muchas veces cometemos errores y no aceptamos cuando nos lo dicen.

Hubo una época en mi vida en la que yo no quería reconocer nada, siendo o no culpable. Siempre buscaba una forma de culpar al otro y hasta manipular la situación. Para mí, yo terminaba viéndome bien y salía del problema. En el cuadro grande, estaba dañando mis relaciones con las personas. Así fue hasta que tuve la suerte de tomar un curso de Dale Carnegie, en donde aprendí lo siguiente.

"Siempre es mi culpa". No necesariamente porque soy la causa del problema, sino porque puedo solucionarlo. Y hacerlo o no, es mi decisión.

Entender o reconocer que tenemos la habilidad para prevenir una situación de que ocurra o cambiar el resultado, no significa que en cada caso nosotros somos los malos o que es nuestra culpa. Pero pone todo en perspectiva para ser solucionado.

Podemos estar teniendo problemas con un hermano o compañero de trabajo, y pensar: "No estoy haciendo nada malo, ellos son irritantes". Lo cual puede ser cierto, pero no me ayuda a encontrar una solución.

Tan pronto como entendemos que tenemos el poder para solucionar el problema, tan pronto como entendemos que podemos cambiar la conducta de otra persona con nuestras acciones, empezamos a pensar para nosotros. ¿Cómo puedo lidiar con esta situación? Y para eso se necesita humildad. Pues muchas veces no estaremos conformes con la situación, o no sentiremos que es nuestra culpa. Pero si queremos resolver el problema, el cambio muchas veces tendrá que iniciar con nosotros.

Ese curso de Dale Carnegie cambió mi vida completamente y me dio una nueva perspectiva de cómo solucionar los problemas entre personas. Recomiendo el libro de "Cómo ganar amigos e influir sobre las personas" del mismo Dale Carnegie y sus cursos, ya que gracias a ellos aprendí tantas cosas que el dinero no puede pagar.

También permitieron entrar a un club de personas como Mary Kay, Ian Iacocca y Chuck Norris que son algunos graduados de Dale Carnegie. Incluso, Warren Buffet, una de las personas más ricas del mundo dijo: "Es el título más importante que tengo". Es muy importante conocer técnicas de comunicación y me han sido de gran utilidad.

El segmento pasado hablaba de ser enseñables. Este tema va enlazado con el de la humildad por la siguiente razón. No somos tan enseñables como deberíamos por nuestra falta de humildad. Siempre pensamos que estamos en lo correcto, y nos importa más estar en lo cierto que crecer. No nos importa la retroalimentación dentro de la empresa. No estamos ansiosos de saber en qué podemos mejorar. Queremos oír lo bien que lo estamos haciendo. Muchos preferimos unas felicitaciones falsas, antes que saber las oportunidades de mejora. El problema es que no se crece así, no se

DENTRO DE LA MENTE DE UN JOVEN EMPRENDEDOR

crece pensando que siempre estamos bien. Recibimos las felicitaciones y nos quedamos donde estábamos. Este orgullo debe de eliminarse. Busquemos la crítica y creceremos.

"Mientras toma confianza empujar una idea al mercado, es la humildad que previene que se convierta en arrogancia, la prima idiota del empresario seguro".

Érica Napoletano

Ser agradecido

Muchos esperamos las buenas noticias para ser agradecidos. La gratitud no debe depender de nuestra riqueza o llegar cuando conseguimos nuestros sueños. No funciona así.

Debemos de ser agradecidos por el ahora, y las oportunidades que tenemos día a día. Ser agradecidos nos ayuda a tener una vida más rica, feliz y saludable. Hay una gran diferencia en nuestro día cuando nos despertamos, y lo primero que hacemos es dar gracias por lo que tenemos en vez que quejarnos de que el césped del vecino es más verde.

Es entendible que es difícil ser agradecido cuando las cosas no se ven tan claras. Pero tengo algo para decirte. Quejarnos no va a solucionar nuestros problemas. Ponerlos en tu Facebook no hará que desaparezcan. Es todo lo contrario.

En esos momentos, es bueno recordar que hay otras personas que están pasando por cosas peores y mucho más difíciles de las que estamos experimentando en el momento. No nos quejemos porque el vecino tiene más que nosotros. Seamos agradecidos ya que hay una gran cantidad de personas en un sitio peor que nosotros, y nos sentiremos hasta afortunados.

Esto también nos ayuda a tener otra perspectiva en la vida. En vez de quejarnos, sacamos toda esa basura de nuestra mente, y la llenamos de soluciones. Así me funcionaba a mí.

Yo tenía serios problemas con un miembro cercano de la familia porque siempre se quejaba de cómo iban las cosas. Tenía todas las partes de su cuerpo y estaba completamente sano. Ya ahí hay mucho que otros quisieran tener. Fue todo un proceso para sacar a esta persona de su hábito de queja, pero empezó a cambiar, y pensaba en soluciones y empezó a crear oportunidades.

Paremos la queja, si algo nos molesta cambiémoslo. Si no podemos cambiarlo, entonces para qué preocuparse.

Ser moral

Este en uno de los más importantes para mí. Preferiría no tener dinero y salvar mi alma a ser un rico inmoral. No es bueno hacer trampas para conseguir dinero. No recomiendo tratar de tomar este tipo de atajos para llegar al "éxito", ya que terminan poniéndonos detrás de donde empezamos.

Esta es una experiencia muy personal y privada, pero bueno, la compartiré.

En una ocasión, un amigo me preguntó si yo tenía relaciones sexuales con mi novia, a lo que respondí que no. Él se sorprendió y no podía entenderlo.

Él me preguntaba, ¿Cómo podía "no querer" sexo?

Y nosotros nos podemos preguntar, ¿Qué tiene esto que ver con negocios? Y vamos a responder ambas preguntas.

El sexo premarital no es algo que yo recomiende o apruebe. No defenderé esta posición aquí pues no es el punto del libro, pero no es algo que considere correcto. Ahora, no se trata de que no quería tener sexo. Yo quería, pero había decidido no alimentar mis deseos sexuales, y por eso tenía control sobre ellos.

Yo siempre digo que "Queremos tanto como probamos" y si tenemos mucho sexo, vamos a querer un montón más. Mi amigo me decía que era imposible para él parar, que era demasiado bueno.

Y aquí es donde se enlazan las dos preguntas. Si nosotros no podemos controlar nuestro cuerpo, si no somos lo suficientemente fuertes para decir que no a nuestros deseos sexuales, al igual tendremos problemas para decir que no en otras áreas de decisión en nuestra vida. A veces queremos cosas que no nos convienen, y nosotros lo sabemos. Pero si no somos lo suficientemente fuertes mentalmente, fracasaremos.

Es como el monstruo del que hablábamos en la disciplina. Nuestros deseos sexuales pueden volverse monstruos implacables si son dejados en libertad para disfrutar sin control. Aquellos que no pueden parar en la cara de la tentación sexual, vienen de un largo viaje de permitirse cruzar las barreras.

Abraham Joshua Herschel dijo. "El respeto propio es la raíz de la disciplina: El sentido de dignidad crece con la habilidad de decir no a nosotros mismos."

Así que creo que decir que no a nosotros mismos en ese tipo de casos, fortalece nuestra habilidad para decirlo en negocios inmorales.

Aun así, no soy perfecto y sí cometí errores muchas veces. Tomé decisiones tontas de salir con personas cuyas intenciones eran muy claras. Y yo las sabía. Incluso, en esos deslices, decidí no llegar hasta el final. Si sabes a lo que me refiero.

Sé que muchas personas difieren en este aspecto y lo respeto completamente. Aun así creo que nuestra moral da forma a nuestra mentalidad. No estaba seguro de compartir esto, ya que es sumamente personal, pero es parte de la mentalidad que me trajo a donde estoy. Así que ahí está.

Como Ryan Magdziarz dice: "Las grietas en nuestra vida traen cáncer. Cómo hacemos una cosa es cómo hacemos todo lo demás así que no seamos negligentes en nada." Ya sea salud o relaciones, cómo tratamos los diferentes aspectos de nuestra vida, influirán indirectamente en todo lo que hacemos.

"De qué le vale al hombre ganar el mundo y perder su alma."

Ser ingenioso

Este es uno de los "Ser" más importantes. En verdad aprendí de este tema en inglés y la palabra es "Resourceful". Esta es una persona que no necesariamente tiene los recursos, por el contrario es alguien que no los tiene, pero siempre encuentra la forma de hacer que otros confíen en él y provean los recursos. Es una persona que sabe qué decir y cómo decirlo. Saben vender una idea para lograr el objetivo.

¿Y cómo hacemos esto? Debemos de volvernos expertos en nuestro negocio. Debemos de saber más que nadie acerca de él.

Por mucho tiempo yo me concentré en eso. Me volví un profesional de las ventas por Amazon. Si había algo que saber acerca de este negocio, lo sabía.

Hice múltiples cursos en línea acerca de diferentes temas relevantes a mi tipo de negocio. Algunos gratis, otros pagos. Después de tiempo leyendo, investigando, haciendo pruebas y comparaciones, era tiempo de empezar la compañía y buscar inversionistas. Tan pronto como empecé a buscar inversionistas estaba aprendiendo cosas tan sólo viendo la reacción de ellos a mi idea. Estaba buscando un inversionista específico. No cualquier persona con dinero.

Después de tener toda la información necesaria, sabía qué quería, cómo lo quería y en cuánto tiempo. De esta forma, cualquier pregunta que tuviera algún inversionista, podría ser respondida, o al menos la mayoría de ellas.

Antes de prepararme debidamente, recuerdo que le hice la propuesta a un amigo que tenía dinero. Fue horrible.

Le dije: "Viejo, tengo un nuevo negocio súper interesante y necesito siete mil dólares. ¿Quieres saber más acerca del negocio?" Tenía mucho que no hablaba con él, y esa fue mi primera interacción.

¡Horrible!

En mi cabeza yo decía, "tan pronto como diga esas dos oraciones se van a volver locos y querrán oír mi idea".

Tan pronto como le hablé, sentí que no estaba diciendo lo correcto, así que empecé a leer acerca de cómo hacer una buena propuesta que a los inversionistas les gustara escuchar. Más acerca de esto en el capítulo adelante.

Días luego de leer y juntar toda mi información para mi propuesta, me reencontré con un amigo de la escuela que tenía pocos años menos que yo. Era un muchacho muy tímido en el colegio que era conocido porque horneaba las mejores galletas. No tenía mucho dinero en ese tiempo, pero cuando nos volvimos a juntar, no le iba nada mal. Era chef en Italia y trabajaba en un restaurante respetado. Cuando llegó de Italia invirtió en una compañía y estaba viendo qué haría con su vida.

Cuando comenzamos a hablar y me conto lo bien que le iba, aproveché la oportunidad y le hice mi propuesta no oficial. Cuando acabé él dijo, "Si estás listo te escribo un cheque ahora mismo."

Un amigo me preguntaba una vez, "por favor explícame cómo es que consigues el dinero para seguir emprendiendo". Y se trata de conseguir personas que tienen los recursos y llevarlos al futuro, hacerlos ver lo que vemos y hacerlos creer en el proyecto.

Steve Jobs era así. Uno de los seres humanos que mejor supo cómo vender y mercadear su idea, y por esto tuvo tanto éxito en su vida. Él sabía lo que quería y podía tomar sus sueños, ponerlos en palabras y hacer que todos pudieran soñar junto con él.

Este tipo de personas consiguen lo que quieren de una forma u otra.

Ser persistente

Debemos de tratar de terminar todo lo que empezamos. En las palabras de mi contemporáneo, el poeta popular, DJ Khaled; *Persistence is key.* (La persistencia es "la llave").

Aun siendo una persona que trata de terminar lo que hace, trato de descifrar a veces cuándo renunciar. Algunas cosas no valen la pena y no son tan importantes como otras partes o cosas pueden ser, en un momento determinado, y requieren atención especial.

Pero algo es seguro, no dejo nada sin pensar demasiado en ello. De hecho, yo pienso más para renunciar a algo que para tomar un riesgo y empezar algo. Tomo riesgos de pasatiempo y a veces empiezo cosas sin la certeza de que terminarán bien. Pero es difícil para mí dejar de presionar cuando empecé algo. Una de las decisiones más difíciles que tenemos que hacer en la vida, es decidir si empujar un poquito más o renunciar.

A veces es complicado saber qué hacer. Hay una línea extremadamente fina entre tratar tan fuerte que es estúpido seguir intentándolo y renunciar a algo antes de dar el 100%, y eso me aterroriza.

Esta es la forma en que lo veo. Si doy mi 100% y no creo que vale la pena, tan molesto y decepcionante como se sienta, renuncio. Pero si creo que todavía vale la pena, doy mi 200%. O se rompe, o logro el cometido. Sí, hay grandes chances de fallar, pero me da más temor tener una gran oportunidad y dejarla pasar por no tratar suficientemente duro.

"Paraliza la resistencia con persistencia".

Woody Hayes

Ser diferente

Es necesario ser raro para ser genial. He peleado por tanto tiempo conmigo mismo porque no fue fácil cambiar lo que era. Mi cabeza estaba llena de ideas erróneas acerca del éxito, y era imposible para mí el alcanzar mis metas pensando de esa manera. Por otro lado estaba avergonzado de mí mismo por cosas que en verdad no tenía que cambiar pero pensaba que estaban mal.

A veces me preguntaba ¿porque digo este tipo de cosas? O ¿Por qué actuó de esta forma? ¿Por qué me importa tanto esto? Mis amigos no son como yo. ¿Es algo malo acerca de mí? Luego descubrí que no me veía como una persona de éxito. Me veía como un fracaso. Y me preocupaba que los otros pensaran de mi lo que ya yo sabía.

Después de que empecé a hacer negocios, me sentí más seguro de mí mismo. Empecé a lograr cosas y estaba convencido que algunas de ellas se debían a mi forma particular de ser. Mi forma de buscar las cosas, mi forma de decir las cosas y lo mucho que me importaban algunas cosas que no les importaban tanto a los demás. Luego comencé a ver mi personalidad como un activo y no como un problema, y estaba más agradecido.

Ser (estar) preparado y cauteloso

Como hablamos algunas páginas atrás en el ciclo de mejora de rendimiento, el conocimiento es una parte muy importante para obtener una habilidad. Debemos de estar preparados no sólo intelectualmente, sino entender que lamentablemente a veces el mundo de negocios es una guerra, y mientras algunos están concentrados en la protección de su propio negocio, otro quieren monopolizar. Desaparecer a la competencia.

En una fiesta, conocí a una joven bien chévere, era como seis años mayor que yo y me preguntaba a qué me dedicaba. Cuando le expliqué acerca de mis negocios ella tomó la oportunidad para darme algún que otro consejo. Los tomé, pero no de la forma que ella esperaba.

Ella me decía como no debía importarme la vida ni el negocio de nadie. Que si tenía que chocar con otra compañía acerca de cualquier problema, debería destruir esa empresa y no me preocupara por arruinarle la vida a nadie. Que ese no era mi problema, que yo era bueno y tenía mejores intenciones de qué hacer con mi dinero.

Me decía, "Si tienes que joderlos, hazlo. Siempre hazlo." Me sorprendió al principio pues no es algo muy políticamente correcto de decir, pero me puso a pensar. Puede que no sea esa mi forma de pensar, pero es en esas aguas que voy a estar nadando así que debo de estar preparado.

Debemos estar preparados para defender nuestras ideas ya que hay muchas personas con esta mentalidad, tratando de hacerles daño a otros.

El padre de un amigo muy cercano que es socio, me contó una historia que llevo conmigo cada vez que voy a presentar mi idea de negocios.

Cerca de 15 años atrás, cuando no había internet en los pequeños pueblos de la República Dominicana, a este señor se le ocurrió un plan para llevarles esta facilidad. Como los detalles de esta historia no son lo que nos interesa vamos a saltar una buena parte.

Este emprendedor le mostró su innovadora idea a una gran empresa de telecomunicaciones en el país y ellos automáticamente aceptaron la idea y le asignaron a una persona para que le diera seguimiento al proyecto. Por meses estuvieron esperando la confirmación y cada vez que ellos contactaban a la compañía, esta era evasiva en sus respuestas. Después de un año, esa empresa estaba inaugurando el plan ya implementado en una pequeña ciudad. El mismo plan que ellos habían propuesto.

Después de contarme esa historia, me dijo; "Esa fue la última vez que trabajé sin un acuerdo de no divulgación". Y me aconsejó ser celoso y cuidados con mis ideas.

Capítulo 9

Peleando con el Yo interior

Elon Musk es uno de los superhéroes de hoy en día, y mi tercer favorito después de Jesús y Gary Vaynerchuk. Este emprendedor visionario ha creado hasta ahora lo que pienso que son las empresas del futuro, y las más revolucionarias del presente. Energía renovable, ciencia de cohetes y carros eléctricos están entre el grupo de compañías que este hombre ha fundado.

Durante la recesión en el 2008, las empresas de Elon Musk estaban enfrentando la quiebra, todas juntas y al mismo tiempo. El dueño de Solar City, Tesla Motors y SpaceX estaba a punto de quedarse sin dinero y la posibilidad de ver su trabajo perecer era casi certera.

Musk fue uno de los creadores de PayPal y su mayor accionista. Cuando PayPal fue vendido, él recibió 108 millones de dólares. Seguido este evento, vino la creación de SpaceX y luego la historia que nos interesa; Musk creó Tesla Motors.

Al inicio, era un proyecto muy prometedor y Musk invirtió 6.3 millones en la creación de la compañía. Esto fue 98% de la inversión inicial total. El joven CEO hizo un error de cálculo terrible, y una compañía que planeaba gastar 25 millones antes de la primera entrega, termina pagando 140 millones.

Para empeorar todo, Elon se divorcia, falla en su tercer intento de colocar un cohete en órbita con SpaceX y el banco que apoyaba a Solar City abandonó el trato que sostenían.

Era el 2008 y una crisis abatía grandes emporios como lo son General Motors o Chrysler. Del otro lado estaba esta nueva empresa luchando con todo lo que tenían para mantenerse en el juego. Más específicamente, Musk lo estaba haciendo. Tesla necesitaba 40 millones más para quedarse en la pelea hasta el lanzamiento, y ellos apenas tenían dinero para pocos meses más. Elon sabía que la crisis se comería a Tesla si no hacían nada al respecto.

La compañía necesitaba dinero y nadie quería invertir en un proyecto que había sido fuertemente criticado por muchos especialistas. Musk usó la única opción que le quedaba y tomó el salto solo. Usó todo lo que le quedaba de su parte en PayPal y lo puso en Tesla.

"Me asustaba mucho, hubiera sido muy triste ver que los frutos de mi labor en PayPal no llegaran a nada... Pero no había duda en mi mente para tomar la decisión ya que Tesla era demasiado importante para dejar morir." E. Musk

Fue un movimiento osado utilizar todo su capital e invertirlo en Tesla, y una de las razones era que la compañía a este momento había fallado en lograr los cometidos que se habían planteado hasta ese punto.

Pero Elon estaba seguro de que la compañía tenía potencial y lo arriesgó todo.

Gracias a su arduo trabajo y coraje, salvó su compañía. En 2012 recibió 78 millones de Tesla, y su pequeño proyecto reportó ingresos de 3.198 billones de dólares en 2014. Elon Musk no permitió que el miedo le impidiera ser grande. La compañía continua creciendo, yo soy uno de los tantos que tiene la meta de algún día comprar un Tesla.

Una de las partes más difíciles de convertirme en lo que hoy soy, fue la parte en la que tuve que convencerme de que era posible convertirme en la persona que yo quería ser. A veces por error sentimos que nuestros sueños no son alcanzables, y eso nos lleva al fracaso. Nos volvemos exitosos cuando dejamos de pensar en el fracaso como una opción.

Una de las razones por la que muchos emprendedores fracasan, es porque tienen algo que perder. Desafortunadamente la posibilidad de perder algo nubla nuestra mente. Si no tenemos la fuerza mental para olvidarnos de la posibilidad de perder lo que tenemos, como lo hizo Musk, actuaremos con miedo y el miedo nos impedirá ser grandes.

Mientras crecía tuve que batallar mucho con las cosas que veía y me enseñaban. Malos ejemplos y malas instrucciones. Me dijeron tantas veces que la forma correcta de hacer las cosas era la que los profesores decían, cuando claramente habían otras opciones. Afirmaban que no seguir sus instrucciones me llevarían al fracaso.

Esa es una de las más grandes mentiras que los padres y profesores dicen. Sólo porque la mayoría hace las cosas de una manera, no significa que sea la mejor manera. Lamentablemente, tenemos la mala costumbre de tomar nuestras prácticas, convertirlas en dogmas y enseñarlas como tal. Desde pequeño siempre aceleré procesos y me dediqué más profundamente a las partes que disfrutaba. No fue siempre algo positivo, pero probaba de cierta forma que no tengo temor de hacer las cosas de una manera diferente. Mi mamá reconoció ese patrón y me apoyó con las cosas que me gustaban.

Convertirse en una mejor persona es una tarea difícil. Estamos llenos de fallas y lamentablemente amamos nuestras fallas. Decimos excusas para cubrir nuestros errores y malas actitudes. Decimos que cosas y personas en el pasado nos han cambiado.

Excusas y más excusas que no nos dejan ser grandes. Para poder cambiar, tenemos que ver con honestidad las áreas de nuestras vidas que están mal y hacerlo con humildad. Tenemos que ser serios y responsables con esto e insistir fuertemente para conseguir mejorar.

Una forma que podemos hacer esto es siguiendo los consejos de Gary Vaynerchuk. Este emprendedor dice cómo su llave maestra es (((Conocerse a sí mismo))). Gary recomienda preguntar a amigos y familias acerca de las fortalezas y debilidades que tienen.

Así, puede trabajar en ambos aspectos de su vida. Suena como algo simple, una pregunta, pero ambas partes tienen que estar preparadas para poder hacer este ejercicio y obtener los resultados. Tenemos que trabajar algunas semanas en hacer que la persona a la que le vamos a preguntar se sienta cómoda siendo honesta con nosotros. No en nuestras fortalezas, sino en nuestras debilidades.

Pero por otro lado está el saber aceptarlas. Es difícil, pero difícil es la palabra que mejor define el proceso de convertirse en una mejor persona.

Difícil, también lo fue trabajar hasta tarde mientras mis amigos salían a los bolos o al cine. Eran cosas que disfrutaba hacer, pero cada libro que estaba leyendo acerca de negocios, decía lo mismo acerca del éxito. Hay que sacrificar para poder obtener. Tenemos que estar dispuestos a perder para poder ganar.

Era difícil despertarse temprano un día lluvioso mientras trabajaba desde la casa. O lo más difícil, dejar de ver un juego de mi equipo favorito para visitar un cliente o juntarme con mis socios. Y era tan difícil porque estas reuniones dependían de mí, y podía reprogramar. Fue difícil ignorar críticas de mis amigos más cercanos porque no tenía un trabajo regular o no estaba yendo a la universidad. Pero estaba sacrificando el presente por una meta y un sueño. Y ninguno de ellos podía entender esto.

Existe un problema con las personas que no tienen metas, su boca está llena de críticas. Y como dice el proverbio chino, "no podemos llegar a nuestro destino si nos paramos a tirarle piedras a cada perro que ladra en nuestro camino."

***

Crítica constructiva

Hay momentos en los que la crítica es constructiva y puede ser también difícil de digerir. Cuando escribí mi primer libro, una pequeña guía llamada, "Cómo empezar tu propio negocio con el más corto presupuesto", para comenzar, tenía un grupo de amigos "cercanos" que no les importó cuando les conté acerca del libro. Tal vez no pensaban que podía escribir material que valiera la pena. No entendí la razón para su falta de interés.

Hay personas que tan pronto sienten ese desinterés, se desmotivan. Sienten que no son buenos para eso y que no vale la pena continuar. De hecho, abandoné un proyecto por esa misma causa hace algunos años. Pero no esta vez.

En una aplicación llamada Slack, estaba en un grupo acerca de emprendimiento y apoyo a las ideas nuevas. Yo compartí que había escrito un libro y pedí opiniones. De los que ofrecieron ayuda, hubo una persona que se tomó el tiempo de leer el libro y revisarlo conmigo por completo. Criticó cada capítulo, tema y subtema. Y en el momento que le gustaba algo, decía; "Esto es casi útil".

Reconozco que fue difícil tragarme mi orgullo en algunos momentos, y sentía que todo el trabajo que había gastado en el libro había sido una pérdida de tiempo. Principalmente porque esta persona estaba hablando con hechos. Sentía que todo lo que había escrito estaba mal, pero eso no fue suficiente para pararme. Tenía la meta de escribir mi primer libro.

Algunas de sus observaciones no las compartía pues sentía que quería corregir más de la cuenta. De todas formas, presté atención a lo que me dijo, y reescribí el ebook completo.

Cuando volví a escribir, me di cuenta de que él tenía razón en muchos aspectos. Pude escribir mucho más y mejor ya que aunque tenía la información, mi manera de expresar las ideas no era la mejor. Mientras el revisaba el libro me hacía preguntas, y yo le respondía. Y él decía; "¿Por qué no escribes eso en vez de lo que tienes ahí?"

Fue una gran lección que podemos aplicar en diferentes áreas de nuestra vida. Lo primero es lo importante, que es estar abiertos a las sugerencias. Y cuando no nos gusta, tragarnos el orgullo y no sólo decir gracias, sino de verdad sentir agradecimiento.

Mientras continuamos hablando él me ayudó a escribir desde otra perspectiva que fuera mejor para el lector. Espero haber sido un buen estudiante.

Escríbeme a gabrielmartef@gmail.com y déjame saber qué te ha parecido el libro hasta ahora.

Elon Musk dice lo siguiente: "Busca la crítica constantemente. Una crítica bien pensada acerca de lo que sea que estemos haciendo vale oro."

Tan pronto como mi mentalidad cambió, mi vida entera también lo hizo. Sentí cómo mi línea de pensamiento se elevó, si así se puede decir. Muchas de las cosas que me molestaban, ya no me importaban tanto. Se volvió un poco difícil hablar de negocios con jóvenes de mi edad y hasta con personas mayores que yo que pensaban y hacían las cosas de maneras desfasadas.

Temas como los negocios en línea y la importancia de la marca personal en redes sociales sonaban muy complicados para ellos, pero lo peor era que rechazaban estas cosas, porque no les eran familiares. Pero por otro lado, podía sostener conversaciones con personas más preparadas. Podía hablar con personas de negocios y tener una opinión con sentido.

Yo creo en el emprendimiento, he buscado e investigado acerca de los nuevos mercados y nichos y estos modelos nuevos de negocio, y estoy seguro de que no sólo significan el futuro, sino el presente. Ahora la pregunta.

¿Vamos a investigar y saltar a esta nueva realidad o vamos a ser perezosos y ver a otros lograrlo?

Dijo alguien una vez, "debemos correr tan rápido que la pobreza no nos atrape". Leer este libro significa que estás corriendo, me alegro.

Debemos ser valientes, estar ocupados en todo momento y ser persistentes.

Estar aburridos y perder el tiempo es una de las cosas que no podemos hacer/tener/ser. Cuando paramos el trabajo, perdemos el foco. La vagancia es el enemigo del progreso. Tenemos que buscar formas de que cuando estemos sin nada qué hacer, podamos ocuparnos.

Días atrás hacia la fila en un banco. Fue una línea aparentemente larga. Durante ese tiempo, desbloqueé mi celular y empecé a leer uno de los libros de mi biblioteca móvil. Así, aprendía algo mientras esperaba en la fila. Al final, no se sentía como una fila tan larga, ni que perdía el tiempo. La única distracción eran las personas alrededor quejándose de la fila.

Ya hemos hablado una buena cantidad acerca de la persistencia. La gente me pregunta que cómo es esto de empezar un negocio, escribir un libro o hacer algo nuevo. Te diré lo que no es. Fácil. Si quieres emprender este viaje, no esperes que el camino sea mágico hasta el país de la libertad financiera. Para ganarnos nuestro puesto en ese lugar hay que trabajar fuerte y persistentemente. Y nunca rendirse cuando las cosas se compliquen.

Para concluir la segunda parte de nuestro libro, podemos definir lo que hemos aprendido de qué es una mentalidad emprendedora.

El diario Financial Times la define "como un estado mental específico que orienta la conducta humana hacia actividades y resultados emprendedores".

En lo personal, una mentalidad emprendedora es una actitud de lucha, perseverancia y trabajo. Es un conjunto de actitudes que forman un carácter apto para emprender. Es una mentalidad sólo poseída por los más fuertes y requiere de un trabajo consciente para obtenerse. Esta forma de ser tiene la posibilidad de elevar nuestras vidas desde el fracaso hasta el éxito.

Si utilizamos las técnicas en este libro, podemos estar seguros de que cultivaremos una mentalidad emprendedora que nos va a llevar a lograr nuestras metas.

Tercera Parte

Creando nuestro propio camino al éxito

Cuando quise escribir este capítulo lo hice, pues no es algo que existe en la mayoría de los libros que leemos. Un libro nos motiva, nos emociona y nos deja listos para empezar, pero como es de motivación no nos cuenta cómo hacerlo. Otros libros nos enseñan cómo hacerlo pero no enfatizan en la importancia de trabajar en nosotros mismos para estar motivados. Muchos autores nos motivan y nos cuentan lo difícil que fue su vida y los negocios que crearon. Pero ¿cómo? ¿Qué hiciste para llegar ahí? Ya hemos hablado del ¿Qué?, ahora hablaremos del ¿Cómo?

En el siguiente capítulo vamos a transitar los pasos que yo seguí en la creación de mis negocios. Estos pasos definitivamente no son la única forma para empezar tu negocio o conseguir tus metas personales, pero ellos funcionan de seguro y te ayudarán a crear tu propio negocio, o apoyarte en la idea que ya tengas en desarrollo.

Capítulo 10

Estableciendo una meta

Cuando nos dicen que pensemos en metas, normalmente pensamos en metas grandes y muy difíciles de obtener.

No hay nada de malo en esto, pero nos frustramos cuando empezamos a pensar en todo lo que tiene que pasar para que estas metas se puedan alcanzar y nos asustamos porque aparenta ser un trabajo arduo, complicado y sobre todo largo. Tratemos de no ser como esas personas que ven la meta lejos, y nunca empiezan a recorrer el trayecto. Recordemos; pasos de bebé. Ponernos una meta es el primer paso que debemos de tomar y este a su vez nos ayudará a encontrar más oportunidades mientras avancemos. Es el principio de nuestro futuro.

En este momento, yo espero que estés tan emocionado como yo mientras escribo esto. Sería increíble si de alguna forma, lo que digo en este libro te motiva a ir y crear tu propio proyecto.

Hay un nicho del que estoy tomando partido y me encantaría enseñarte a hacer lo mismo. Este nicho es el mercado en línea.

Al día de hoy he creado diferentes empresas de este tipo y estoy en el proceso de crear más. En este capítulo aprenderemos de esta nueva corriente de negocios y cómo podemos hacer nuestro producto. Y más adelante también compartiré algunos números que validan la importancia de este nicho y por qué vale la pena intentar entrar al mismo.

Como dijimos párrafos arriba, primero necesitamos establecer nuestras metas. Para hacer esto, haremos un ejercicio que me ayudó a mí y te ayudará también a poner todo en perspectiva.

Antes de empezar el ejercicio, déjame contarte un poco acerca de él. Durante mi tiempo como emprendedor, he conocido personas geniales que me han mentoreado con sus consejos y enseñanzas. Uno de ellos es Travis Barton.

Travis es un emprendedor y entrenador que con poca conversación fue capaz de enseñarme grandes lecciones y me ayudó a poner en perspectiva lo que quería, aparte de ser una de las personas más positivas que conozco. Uno de sus consejos fue el que vamos a utilizar ahora.

Primero, comenzamos escribiendo cómo queremos que sea nuestra vida en 5 años desde ahora. Debemos de ser bien específicos sin dejar nada fuera. ¿Qué tipo de casa animales, carros, cantidad, color, marca, etc?

Esta es la parte de emocionarse y dejar nuestra imaginación volar. Ve a YouTube y mira el carro de tus sueños. Yo no soy el fanático más grande de los carros, pero sí me gustaba un Mini Cooper en específico. Modelo S del 2015, rojo con el techo y aros negro mate. Yo fui un paso más allá y manejé el carro. La motivación y fuerza para trabajar con todo lo que tengo se multiplica después de una experiencia así. Fui a la página del fabricante y diseñé el carro como lo quería y lo salvé en mi computadora como archivo PDF.

Mientras pasó el tiempo sentí gran pasión por el proyecto de otro emprendedor. Elon Musk, y mi meta cambió a un Tesla. Si para el 2020 no hay estaciones de carga de Tesla en mi país, quiero un Porsche Cayman GT4 rojo, con aros negro mate y el interior rojo y negro.

Yo hice un mapa de metas tenía las cosas que yo quería lograr. El nombre de los países y ciudades del mundo que quería visitar, islas y demás. Tenia una foto de mi Porsche rojo, el estadio de mi equipo favorito, una MacBook que fue una de mis primeras metas conseguidas entre otras cosas.

Veo este mapa todas las mañanas junto con algunos videos de YouTube que me motivan. He oído como muchas personas critican los videos motivacionales y cuentas de motivación en Instagram. Pero la verdad es que el camino que transita el emprendedor no es fácil y vamos a necesitar toda la motivación que podamos. Así que hagamos lo que tengamos que hacer.

Podemos ser creativos e invertir el tiempo que queramos en ese mapa. Algunas personas no necesitan esto. Tienen tanta hambre que sólo quieren un plan y harán todo lo que necesitan hacer. Ahora, el que lo tenga que hacer, hágalo. Si quiere le espero aquí.

Después de escribir una, dos o tres páginas de cómo quieres que tu vida sea en cinco años, vamos a ir en reversa. Sí, reversa. Normalmente, cuando nos piden que creemos un plan, nos piden que vayamos paso a paso desde donde estamos hasta donde podemos llegar. Haremos lo opuesto. Queremos empezar desde el futuro. Descomponer nuestras metas, y hacernos estas preguntas.

¿Qué necesito hacer en 4 años para llegar a mi meta de los 5 años? Ahora escribe una página de lo que estás haciendo en el año cuatro para hacer posible el año cinco.

¿Qué necesito hacer en tres años para llegar a mi meta de los cuatro años? Ahora escribe una página de lo que estás haciendo en el año tres para hacer posible el año cuatro.

¿Qué necesito hacer en dos años para llegar a mi meta de los tres años? Ahora escribe una página de lo que estás haciendo en el año dos para hacer posible el año tres.

¿Qué necesito hacer en un año para llegar a mi meta de los dos años? Ahora escribe una página de lo que estás haciendo en el año uno para hacer posible el año dos.

Ahora se pone interesante.

¿Qué necesito hacer en seis meses para llegar a mi meta del primer año? Ahora escribe una página de lo que estás haciendo en los primeros 6 meses para hacer posible el primer año.

Luego lo mismo a tres meses. Y luego qué necesitas hacer diariamente para lograr tu meta.

Esto toma tiempo; tal vez tengas que dejar tu mapa un rato y volver más tarde. No importa, pero no lo dejes incompleto. Podrías pensar que esto toma más tiempo de la cuenta, pero si así es, ni te imaginas cuánto tiempo y esfuerzo toma el empezar un negocio.

El plan puede cambiar con el tiempo; algunas metas se lograrán más lento, otras más rápido de lo que nunca nos esperamos. El punto de este ejercicio es hacer una ingeniería inversa a nuestros planes y así poder lograr conseguir la meta. También, que este ejercicio nos provea algo qué hacer todos los días, y me refiero a todos los días, que nos acerque a nuestra meta. Hay algo entre nuestras metas y nosotros, eso es trabajo. ¿Qué trabajo? Tenemos que responder las preguntas que acabamos de leer para descubrir esto.

Hace unos meses escalé mi primera montaña. Esto requirió mucho de mí ya que me había lastimado la rodilla y mi forma física no era la mejor. Mi resistencia no era buena y mis músculos estaban tensos. Al mismo tiempo, fue una experiencia muy divertida y descubrí que me encanta escalar. Aunque el proceso fue retador, tan pronto como llegamos a la cima, el sentimiento de logro fue genial. Sabía que había valido la pena el trabajo.

En los negocios es lo mismo. El principio requiere trabajo arduo y sacrificio. Acostarse tarde y levantarse temprano. Y si eres como yo que amo este proceso, lo disfrutarás también. Y cuando llegue el momento cuando dices ¡Estamos en vivo! ¡Lo logramos! Ese momento cuando ves que el negocio comienza a operar y ves la primera venta y dices. ¡Es oficial! No tiene precio. No se puede explicar. Y aun después de conseguir estas metas, cuesta mucho mantenerlas. Es por eso que la motivación debe de estar en su más alto nivel.

Después de que estemos listos con nuestro plan, es tiempo de trabajar. Si tienes un trabajo que no te va a llevar a tu meta de los cinco años, cambia de trabajo o cambia de meta. En unas pocas páginas vamos a entrar al tema de tu propio negocio que te lleve a ese plan de cinco años.

Capítulo 11

Dejando cosas detrás

Este es un tema muy importante que quiero abordar. Trataré de ser cuidadoso porque es delicado, controversial y muy difícil, pero es algo que debemos de entender. El tema de decirle adiós a las cosas que nos atan. Sean amigos, pasatiempos, pareja y hasta padres. Hay cosas en nuestra vida que deben tomar una pausa si estamos comprometidos con nuestro desarrollo.

No necesitamos esos amigos que nos dicen que no va a ser posible lograr nuestra meta porque es difícil, o esos amigos que siempre ponen una cara cuando se dicen las palabras "grandes sueños" o "riqueza" como si fuera una enfermedad. No podemos dejar que nadie nos desmotive a seguir nuestros sueños, porque ellos no siguen los suyos. Podremos perder algunos amigos en el camino a la cima. Y es por esto que muchas personas dicen que la cima es solitaria, pero no lo es, es exclusiva.

Pon a esas amistades a un lado por un tiempo. Enfócate en tu negocio y luego las veras venir a tu vida preguntándote cómo lo hiciste. Con orgullo dirán que son tus amigos. Algunos de mis amigos se tomaron el tiempo de sentarse conmigo y explicarme por qué lo que yo estaba haciendo era un error, que mis negocios eran mala idea y por qué iba a fracasar. Mientras los meses pasaron y las cosas se pusieron serias, cada vez era más normal oír cosas como "No sabía que estabas tan enfocado en eso" o "Qué suerte tuviste".

Es un hecho que cuando estamos a punto de hacer algo riesgoso o innovador la mayoría de las personas nos va a recomendar que no lo hagamos. Te dirán cosas como "Las cosas no son como piensas", "Eso nunca se ha hecho", "Las cosas son así por una razón". En muchas ocasiones, las personas hablan desde sus propias inseguridades.

No necesitamos esa pareja desaprobadora, y con esto me refiero a novios y novias. He visto a socios perder un gran porcentaje de su actitud emprendedora después de conseguir una novia. De pronto ya no se emprende el fin de semana, no se emprende días feriados y se descuidan los negocios. La verdad es que comenzamos a sacrificar cosas que no debemos, para ganar algo distinto. Se abandonan las metas y/o se falla en lograrlas. Aun así, hay un dicho que me encanta que dice, "No pierdas un diamante persiguiendo escarcha".

La verdad es que una buena mujer y un buen hombre valen más que el dinero, pero estemos seguros de que quien elijamos de verdad lo valga. Cuando tenemos metas grandes, en el caso de los emprendedores, nuestra pareja tiene que ser del mismo parecer o estar muy de acuerdo con ello. Ya que la cantidad de trabajo que se hace no es normal, y ellos tienen que entender.

Esto es muy, muy, muy, muy importante. ¿Por qué? Nuestra pareja es la fuente de motivación o decepción más grande que tenemos en la tierra. Ellos son las personas que queremos impresionar y la opinión que más nos importa. Es por esto que debemos de asegurarnos que vayan en la misma dirección que nosotros. Si no, veo tres opciones. Los dejamos ir, peleamos para mantenernos con nuestras metas y nuestra pareja, o renunciamos a nuestra meta.

Ahora, hay algunas personas que pueden tomar la negatividad y utilizarla como gasolina para automotivarse. Si te funciona, bueno, úsala.

***

No tengas miedo de parecer un loco delante de tus amigos porque inviertes la mayoría de tu tiempo en tu negocio. Necesitas utilizar tanto tiempo como puedas ahora, para que te puedas relajar el resto de tu vida, mientras tus amigos continúan trabajando en el mismo trabajo, día a día en la carrera de ratas. Recuerda que la mayoría de los emprendedores exitosos fueron llamados obsesivos en sus primeros años si no toda su vida.

***

Si eres joven, no creas la mentira que este es el tiempo de divertirte; no gastes tus mejores años en cosas vacías. Este es el tiempo de prepararse. ¿Sabes lo que obtuve de ir a discotecas, beber y fiestear? Nada. Gasté muchísimo dinero y conocí un montón de gente vacía. Y eso que no fui a tantas fiestas.

A veces pienso y me siento conforme por ser tan estricto con un número de cosas que otros jóvenes lamentablemente no. Y mucho de eso se lo debo a mis padres.

Recuerdo en esos días de lluvias de ideas y escribir, investigación y lectura. Eran pasadas las diez de la noche y yo tenía más de doce horas trabajando. Pensé por un momento; "Puedo ver una película porque he trabajado lo suficiente". Y luego pensé de nuevo si "era rico y había logrado mis metas". Bien, entonces no hay tiempo para descansar todavía. Esa noche escribí buen contenido y aprendí información valiosa acerca del negocio que estaba desarrollando en el momento.

¿Demasiado? No lo creo. Una de las cosas que sinceramente creo que me han llevado a donde estoy hoy, es que siempre que tenía el deseo de procrastinar, me preguntaba; "¿Qué estaría haciendo Bill Gates?" O "A esta hora Gary Vaynerchuk tiene que estar trabajando." Yo me propuse metas grandes, tenía que copiar a los grandes.

Tuve muchos días así, en los que peleaba con mis deseos de procrastinar. Y este fue uno de esos días. La razón por la que lo recuerdo con tanta claridad, es porque salía con una muchacha a la cual le pregunte su opinión acerca de ese tipo de decisiones, a lo que ella contesto; "Creo que debes organizarte de una forma en la que puedas dedicar más tiempo a otras cosas, a mí me ha ido bien encontrando tiempo para hacer todo". Suena como un buen consejo, y a ella le había traído "éxito".

¿Pero qué era éxito para ella? Trabajar en un horario forzado de lunes a viernes y ser llamada casi todos los fines de semana para que fuera a la oficina y estar a punto de graduarse antes de la edad promedio. Podía ser un gran empleo (que no lo era), y ella podía estar cerca de graduarse a corta edad, pero eso no era éxito para mí y yo lo tenía bien claro. Ver una película para mí significaba mucho más que entretenerme. Significaba gastar dos horas de mi vida que no recuperaría, en algo que no me traería nada más que un tópico de conversación con mis amigos.

"Si, vi la película y fue genial." (voz de perdedor)

En vez de hacer eso, vi un seminario en línea y aprendí información que me sumaba. No lo hice porque no iba a poder terminar a tiempo, o porque tenía algo mejor que hacer. De hecho, yo no tenía nada que hacer, así que busqué algo mejor que hacer. Tomé esa decisión, pues ver una película era lo fácil, y así mismo es fácil acostumbrarse a eso. Y este tipo de decisiones dependen 100% de cada uno de nosotros.

Bob Proctor de Proctor Gallagher, dijo lo siguiente:

"Solo tú puedes decidir el desarrollar un inquebrantable deseo de concentrarte, de mantenerte enfocado en un objetivo específico hasta que la tarea sea completada... La persistencia es una fuerza mental única; esto es una parte esencial para poder ganar en un mundo que no para de moverse y cambiar."

Esa cita me movió de mi asiento. Léela de nuevo si así lo necesitas.

Hacer muchas cosas en el día no siempre significa que estás utilizando tu tiempo bien, o sabiamente. Significa que haces muchas cosas en tu día, y en muchos casos, no eres genial en ninguna de ellas. Es mejor ser bueno en 2 cosas, que mediocre en 10.

Hace algunas líneas hablábamos de esos sacrificios pequeños que hacen grandes diferencias. Perderse el cine, no ir a cenar con unos amigos, etc.

Permíteme pintarte estos dos escenarios que creo que relatan claramente los dos lados de la moneda.

Por un lado tenemos al joven normal, promedio.

Soy un profesional, tengo un gran trabajo. Tengo 30 años y tengo la capacidad de empezar una familia y proveer modestamente por ellos. Estudié por seis años, salí cada fin de semana y vi las películas que quise. Pero ahora no tengo tiempo para hablar, tengo que llegar al trabajo. Adiós.

Esto es lo normal, a esto aspira la mayoría porque suena alcanzable. Esto es hasta considerado éxito por muchos.

O el emprendedor disciplinado.

Dejé la universidad porque encontré mi pasión. Trabajé día y noche por ello. Las personas no me entendían y mis amigos me juzgaban todo el tiempo. Ahora trabajan para mí y son mis clientes. Tengo la vida que quería. Tengo 30 y empezaré una familia, no por el dinero, sino porque estoy listo. Me perdí muchas películas y noches de viernes. Pero ahora no puedo hablar, tengo un avión que tomar.

Esta es la realidad de una minoría que logra sus sueños después de años de arduo trabajo.

Podemos llamarle a estos dos escenarios, la realidad de muchos vs. el sueño de todos. Algún escéptico podría decir que creé este escenario como quería para probar un punto. Y sí, podrá ser el escenario ideal, pero la realidad es que esto es la generalidad de los casos. La gente quiere estudiar, y después un poco más. Encontrar un buen trabajo y casarse después de haber fiesteado lo suficiente o ahorrado lo suficiente. ¿O sólo soy yo que conoce gente así? Y conozco demasiadas personas infelices con este modelo.

La verdad es que ese también era mi plan más o menos. Pero vi hacia dónde me dirigía y mi futuro no se veía muy prometedor. Piensa en la posibilidad de poder hacer lo que quieras. Viajar el mundo, ayudar a los necesitados, la posibilidad de comprar un carro deportivo, poder hacer cosas divertidas. A mí me encanta la idea de poder disfrutar de todas estas cosas al igual que me imagino que tú también. La mayoría de estas no pueden ser alcanzadas con un 9-5.

Es importante entender que vamos a tener que sacrificar muchas cosas en el camino. Ahora mismo puedo decir que al 9 de septiembre del 2016, no he visto; Batman vs Superman, Capitán América, Mad Max, The Revenant, aunque estoy muy feliz que a Di Caprio al fin le dieran su Oscar. No he visto un sólo episodio de "House of Cards" o "Game of Thrones".

Yo no voy al cine. Me encanta, pero estoy seguro que este no es el momento de ir. La única forma en la que voy al cine, es si lo hago con la muchacha que me gusta. Y lo hago porque es una inversión para mi futuro. No espero que la gente sea como yo, o que siquiera me entienda. Hay cosas a las que me fuerzo a hacer. Yo disfruto mi lucha, puedo sentir cómo me acerca a mis metas.

Nadie llega a la parte de "poder hacer" el viajar y la libertad, sin trabajo fuerte. A menos que tus padres paguen.

No estoy motivando a nadie a que deje el colegio, o diciendo que la universidad te va a poner en un empleo para siempre. Es simplemente lo más común y lo normal. En mi caso, dejar la universidad fue lo mejor que me pudo pasar. Y no fue que la dejé porque tuve gran visión, o porque no pensaba que la universidad no fuera buena. Yo dejé la universidad porque no podía pagarla. Esto me forzó a trabajar como un animal.

Aprendí mis lecciones bien, y luego la universidad se sentía como maternal. Estudiantes hablando acerca del fin de semana, de cómo se emborracharon o se emborracharían. Nadie hablaba de negocios o de lo último que salió en tecnología. No se hablaba de soluciones a grandes problemas y nadie estaba tratando de crear nada nuevo. Todo se trataba de tener nota suficiente para pasar la materia y terminar la universidad lo más rápido posible para conseguir un muy buen empleo, con buena paga para comprar cosas buenas. Al menos ese era el público que me rodeaba.

Esto no era lo peor. Los profesores con sus mentes cerradas, criticando a los ricos y a los empresarios. Quejándose de los impuestos y nunca hablando de soluciones. Algunos me oían y me decían en tono sarcástico. "¿Haces negocios o estas en la universidad? Tienes que ser estudiante ahora y empresario en el futuro".

Tuve que enfrentarme a profesores que me dijeron que no tenía idea de qué hablaba, que crear un negocio no era ni cerca de lo que pensaba. Al día de hoy he creado más negocios sin llegar a los 24, de lo que ellos han hecho en toda su vida. En verdad no merecen una página de mi libro. Discúlpame por el tono, pero sí.

Algunas personas van un paso, o algunos pasos más lejos que yo, y dicen que la universidad es una pérdida de tiempo. Pero eso es sólo cierto si estamos haciendo algo mejor con nuestro tiempo. Las grandes metas valen la pena ser perseguidas. De nuevo recalco que no dejé la universidad porque quise; yo no tenía opción. Luego, cuando fue tiempo de volver, pero en detrimento de mis negocios, ahí fue mi decisión de no volver.

No dejes que nadie te menosprecie por tu edad. Muchas personas no soportan la idea de que podamos alcanzar, a una corta edad, cosas que ellos nunca pudieron lograr.

***

¿Cómo planeamos nuestra vida?

Desde que estamos en secundaria y llegamos al momento de pensar en qué carrera vamos a elegir para la universidad, tratamos de buscar cuál es la más rentable.

Creí esto por mucho tiempo. Negocios internacionales sonaba como una opción muy rentable. No me gustaban los negocios de la manera en que me gustan hoy. Yo pensaba terminar mi carrera y empezar una especialidad, porque por supuesto, ¿Qué somos sin una especialidad? (Sarcásticamente hablando). Después, encontrar un buen trabajo, ahorrar, comprarme un buen carro y casarme. Lo normal. El problema es que tan pronto empecé a educarme, comencé a encontrar muchas fallas en mi plan original. Pero si hubiera seguido mi plan, ¿Dónde termino?

Nos levantamos y tal vez vamos al gimnasio antes de entrar al trabajo, a esa oficina de cuatro paredes que se siente como una tumba. Después de terminar el trabajo nos vamos a la universidad o a casa. Hacemos tarea o dedicamos algo de tiempo a algún pasatiempo. Vivimos en un estilo de vida de cheque tras cheque, y no nos importa. ¿Por qué? Porque pensamos que así se supone que sean las cosas. Y no quiero oír que eso es por falta de oportunidades; eso es simplemente mentira.

En algún punto de nuestras vidas, nos dan un dispositivo que le dice a nuestro cerebro que esa carrera de ratas es la manera correcta de vivir. Hasta pedimos consejos a personas "exitosas", con grandes oficinas y salarios ridículos, en el buen sentido. Pero aún están en la carrera de ratas, así que esos consejos nos llevarán al mismo fin. Yo decidí hacer mis preguntas y pedir consejos a personas de afuera de la jaula. Para mí, si están en la carrera de ratas, están en una jaula. Y no me importa qué tan lujosa sea la jaula.

***

¡Historia!

Era el 4 de Diciembre de 1982. Una enfermera estaba dando a luz a su primer hijo en Australia. Esta mujer, siendo enfermera, tomó cuidado especial del proceso de embarazo. De todas formas, el día que su bebé nació y ella lo vio, sus palabras fueron; "¡Quítenlo de mi vista!"

Mientras el bebé estaba siendo dado a luz, su padre vio el hombro del mismo y se dio cuenta que su hijito no tenía brazo derecho. Inmediatamente abandonó la habitación para tomar aire. Cuando el parto concluyó, el doctor salió de la habitación y el padre le dijo; "¡Mi hijo! ¡No tiene brazo derecho!"

Y el doctor respondió. "No, él no tiene brazos ni piernas."

El hombre cayó de rodillas al piso en completo dolor.

El pequeño niño sin extremidades pasó por la escuela, lidiando con abuso de los compañeros, y todas las dificultades posibles que podía tener un niño con discapacidades en el colegio. Él tenía la opción de entrar en un colegio de educación especial, pero sus padres tomaron la decisión de inscribirlo en una escuela regular.

A corta edad, Nick le preguntaba a Dios por qué lo había creado sin extremidades. ¿Por qué no le había dado lo que todo el mundo tenia? Su frustración lo llevó al punto de tratar de suicidarse a la edad de 10. ¿Qué tan difícil debe ser una situación para que un niño de 10 años quiera quitarse la vida?

Más adelante, él se dio cuenta que como él no tenía lo que todos poseían, él tenía algo más. Una oportunidad. Durante la secundaria, Nick trabajó con fundaciones, eventos para recaudar fondos, organizaciones de caridad y campañas para deshabilitados. Se graduó del colegio y se convirtió en un expositor motivacional.

Tal vez ya sepas de quien estoy hablando ahora, Nick Vujicic. Este hombre es una de mis mayores fuentes de motivación ya que soportó dificultades muy serias y no se rindió. No sólo que no se rindió, sino que ahora ayuda a otros a ser mejores.

"De nada vale estar completo por afuera, si se está roto por dentro."

Nick Vujicic

Si Nick pudo encontrar valor y oportunidades sin extremidades, yo estoy seguro que nosotros también podemos.

***

Espero que a este punto ya entendamos la importancia de tener metas y la fe en que el cambio es posible. También, que si una persona sin brazos o piernas encontró propósito y éxito, nosotros no podemos decir que no tenemos oportunidades. Deberíamos de estar listos para movernos a la siguiente parte.

Después de tener un mapa de cómo queremos que nuestra vida sea en los próximos 5 años, necesitamos un negocio que nos lleve allá, o ganar la lotería. Yo no sé cómo jugar a la lotería, así que mejor hablamos de cómo crear nuestro negocio.

Para empezar nuestro negocio algunos recomiendan encontrar un nicho, otros un producto. Del lado de los que recomiendan el nicho primero. Es cierto que cuando se encuentra un buen nicho se encuentra una necesidad, y podemos empezar a lucrar partiendo de la necesidad de ese mercado, lo cual es una idea buena y funciona. Pero si hacemos esto, dejamos de un lado la parte en donde queremos hacer lo que amamos y hacer dinero con esto. Y por ello recomiendo encontrar un producto que amemos, produzcamos o nos identifiquemos con él. Así que aquí vamos.

Capítulo 12

Creando nuestro negocio

Encontrar un producto es un proceso romántico para mí. Es importante que este producto o servicio sea resultado o gire en torno a algo que nos guste hacer. Mi sugerencia, y lo que la lógica pide, si evaluamos hacia dónde se están moviendo los negocios, es que no importa si el producto es digital o físico, sea ofrecido en una plataforma digital.

Hablemos de comercio electrónico.

En el siguiente capítulo hablaremos un poco acerca de algunos números interesantes que muestran lo atractivo y lucrativo que el negocio en línea puede llegar a ser.

Vayamos a la definición de negocios en línea. Definición muy clara y al punto.

Negocios en línea es la conducta de procesos de negocio por el Internet. Estos procesos electrónicos de negocios incluyen la compra y venta de productos y servicios; ayuda a clientes; procesar pagos; gerenciando el control de producción.

Para encapsularlo; es el negocio hecho en el Internet. Hay una cantidad inmensa de formas diferentes de hacer dinero en línea, y vamos a conocer algunas de ellas.

Primero, vamos a conocer algunas de las ventajas que ofrecen los negocios en línea.

Manejable desde cualquier lugar

Una de mis ventajas favoritas de los negocios en línea es la posibilidad de abrir mi computadora en donde quiera, y tener mi compañía funcionando en el Internet. No necesito espacio para una oficina, aunque tengo una, gasto más tiempo trabajando afuera de ella, que adentro.

Poco costo de inversión inicial

Una de las razones por las que muchas personas se detienen ante la idea de su propio negocio, es la falta de capital. Muchos grandes emporios han empezado con muy poco presupuesto, y algunos sin nada.

Oportunidades de crecimiento más rápidas

En vez de estar restringido a un área local, o pueblo, ciudad, país o continente, las nuevas formas de publicidad nos permiten llegar a cualquier parte del mundo y son más efectivas y a un costo más favorable.

Disponible 24/7/365

Tal vez la ventaja más importante. Nos vamos a dormir, pero nuestras páginas de Internet y tiendas en línea se mantienen funcionando. Personas de cualquier país o zonas horarias tienen acceso a ellos y pueden adquirir nuestros productos gracias a esta comodidad.

Si has oído acerca del comercio electrónico, sabrás que es el futuro de las ventas. Si no lo has oído, compartamos algunos datos que definitivamente convencen al más escéptico. Estos datos me movieron el suelo.

- Cada día más de 3 trillones de dólares se mueven de un lado a otro y 700 millones de estos, se mueven en línea.

- 74% de la población utiliza el Internet. Esto es un número de 3 billones de usuarios de Internet, de los cuales 81% busca productos en línea.

- En los últimos 30 segundos, las ventas mundiales en línea movieron más de 1,2 millones de dólares.

- Cerca de 930 mil se hicieron por ventas estacionarias y 260 mil en ventas móviles.

- Del 2004 al 2014, en tan sólo 10 años el porciento de ventas creció en más de un 400%. Empezando en 50 billones al año en el 2004, y ahora pasando los 250 billones de dólares gastados en línea. Y estoy seguro que el número crece con los días.

- En todos los continentes menos África, el porcentaje de usuarios en línea que compra en Internet, está por arriba de 80.

Esto no es una burbuja, este es el futuro. Y si hay algo que he aprendido del futuro y de la forma en cómo el comercio en línea ha arropado la economía, es que esto es inevitable. Y si alguien piensa que puede lograrlo sin ello, va a quedar abandonado.

***

Producto físico o digital

Veamos primero la definición de producto físico y nos adentraremos en cómo podemos crear un negocio alrededor del mismo. Y luego haremos lo propio con el producto digital.

Producto Físico

Este término se explica solo. Es un producto real y tangible. Hay muchas formas de vender un producto físico y vamos a ver las diferentes opciones, así podemos examinar la información y decidir en cuál de estos modelos queremos incursionar y crear algo propio.

Importar Productos

Digamos que en donde has trabajado por años, venden un producto que conoces muy bien. Conoces la oportunidad y la demanda. Puede que el producto esté siendo vendido a un precio por encima del normal. Puede existir la posibilidad de convertirse en un importador del producto, convertirse en un suplidor, ofrecer un producto similar a un precio competitivo y establecer tu negocio.

Tal vez te gusta el Ultimate Frisbee (Los platillos voladores). Te gustaría vender los platillos.

Este modelo es muy lucrativo y requiere mucho tiempo y algo de capital.

Información básica de ¿Cómo hacerlo?

- Encontrar un producto que nos guste.

- Examinar el mercado.

- Contactar suplidores o fabricantes (Alibaba, Aliexpress, etc.).

- Ordenar muestras / probarlas / elegir.

- Pedir una orden de cantidad mínima, o no. Es una decisión personal y de análisis de mercado, el qué tan grande se debe empezar.

- Colocar el producto en tiendas locales o en línea.

Etiqueta privada o etiqueta blanca (Private Label).

El "Private Label" es un proceso en el cual un fabricante utiliza tu marca y logo en su producto, o viceversa. Utilizamos el producto de un fabricante, sin marca, y le colocamos la nuestra. De esta forma podemos tener nuestro propio producto y marca propia, sin tener una fábrica.

Un dato interesante. Muchos de los productos que compramos en Amazon, son de propietarios que corren su negocio en pijamas desde su habitación gracias al Private Label. Yo soy uno de ellos.

Información básica de cómo hacerlo:

- Elegir un mercado y producto.

- Contactar a un suplidor que haga "Private Label" (Le puedes preguntar directamente a los suplidores y ellos responden).

- Pedir muestras / probar / elegir.

- Crear la marca / Logo / Enviar logo al fabricante.

- Pedir la orden mínima o no.

Obviamente este proceso no es ni cerca de lo fácil que parece en esa lista. Y te lo puedo decir después de trabajar en la creación de tres marcas.

Estos productos se pueden vender localmente o se pueden tener en una tienda online. También, se puede hacer por medio de Amazon, y utilizar el servicio de FBA (Fulfillment by Amazon) que consiste en tener el producto en su almacén. Si este modelo llama tu atención, Amazon tiene mucha información acerca del mismo.

Auto-fabricado

Si tienes la facilidad de producir un producto tú mismo, no importa tu capacidad, mucha o poca cantidad, este es un mercado muy pero muy rentable. Tengo un amigo que empezó un negocio de hacer moldes para pudin y los hacía él mismo.

A la edad de 14 años él tenía un negocio hecho con una base de 1400 seguidores en Instagram. Él me cuenta cómo se propuso hacer mil dólares en dos meses para irse de viaje a los Estados Unidos. Pasó su meta y hasta tuvo la oportunidad de ver un partido amistoso de futbol entre dos grandes clubes europeos como lo son el Liverpool y el Manchester United, juego que se dio lugar en Miami. Y esto lo hizo con 14 años.

Es válido decir que empezar un negocio es mucho más complejo y requiere más de lo que es expuesto en las páginas previas. De todas formas, mi propósito es el de dar a conocer tipos de negocios que para muchos no son conocidos. Para desarrollar a su perfección estos negocios, se necesita un libro sólo para eso. El punto de este capítulo es despertar el interés en estos modelos de negocios para que el que desee llevarlos a cabo investigue en profundidad, se prepare y pueda crear su propio negocio.

Al final del libro habrá más información de cómo proceder a crear una marca de tener el deseo.

Producto Digital

Como escribí en mi libro electrónico "Empezar tu negocio con el más bajo presupuesto":

"Algo muy importante que muchas personas dan por sentado o ignoran, es que cada uno de nosotros ha estado aprendiendo habilidades toda la vida y las hemos perfeccionado. Convirtiéndonos en productos. Como Liam Neeson dice en 'Taken'; "un particular juego de habilidades", y que al igual que él, no debemos tener miedo de utilizar."

Aquí podía estar el negocio de tu vida. Puedes haber cultivado toda tu vida una habilidad por la que otros están dispuestos a pagar por aprender. Tal vez puedes crear un producto o servicio que otros necesiten. Y tal vez eres bueno para entretener. Hay diferentes posibilidades y vamos a ver algunos ejemplos.

PewDiePie

Con más de 26 millones de suscriptores, el sueco Felix Arvid Ulf Kjelberg, de 24 años, podría ser la persona más influyente en la industria de los videojuegos, y sin duda es uno de los más grandes de YouTube. Sus videos, que presentan un juego con una pequeña inserción de él jugando esos juegos, han sido vistos más de 4.300 millones de veces por una base de aficionados hambrientos, que sintonizan sus comentarios y reacciones.

Su ingreso anual estimado de los videos se estima entre $2.2 millones y $18 millones de dólares.

Básicamente sube sus reacciones a videojuegos a YouTube y hace millones al año por ello.

TheFineBros

Desde 2004, Benny y Rafi Fine (30 y 32 años respectivamente) han estado escribiendo, dirigiendo y protagonizando su serie "React" en YouTube. Aunque inicialmente esperaban irrumpir en festivales de cine tradicionales, se convirtieron en pioneros en el creciente campo de video en línea.

Ahora tienen 8,2 millones de suscriptores, con más de 1.600 millones de reproducciones de video. Esto los redondea entre $849.000 y $7,1 millones por año.

Ashley Qualls

La fundadora de WhateverLife.com consiguió su ingeniosa idea en 2004 cuando tenía sólo 14 años. Con el objetivo de mostrar sus habilidades de diseño, el sitio realmente despegó cuando Qualls comenzó a distribuir diseños de MySpace de regalo. Un comprador anónimo le ofreció $1,5 millones y el auto de su elección, pero ella declinó.

Juliette Brindak

Comenzó a crear personajes bosquejados a los 10 años y luego desarrolló una plataforma de medios sociales complementaria a los 16. Su compañía de Miss O & Friends ahora vale un estimado de 15 millones de dólares, aunque Brindak obtiene la mayor parte de sus ingresos de los anuncios.

Fraser Doherty

Sólo tenía 14 años cuando este empresario escocés empezó a hacer mermeladas caseras a través de la receta de su abuela; su negocio SuperJam estaba en auge cuando cumplió 16 años. Cuando un gran supermercado británico pidió comprar sus productos, sacó un préstamo de $9.000 y se convirtió en un millonario. Su producto se vende en más de 2000 supermercados de todo el mundo, y sus libros de recetas se pueden encontrar en Amazon.

Michael Dunlop

Se retiró de la escuela secundaria después de que su dislexia provocara que maestros le dijeran que nunca tendría éxito. Él fundó IncomeDiary.com, que hoy cuenta con una calificación de 12.000 en Alexa y le gana un fuerte ingreso de seis cifras. Mientras que sus blogs no son impecables gramaticalmente, su consejos de negocios son muy asertivos.

Justin Bieber

Este es uno de los muchos artistas que fueron reclutados después de colgar su talento en YouTube. Pero a diferencia de muchos, y a pesar de las críticas, Bieber ha logrado mantener y crecer su fama de ser uno de los artistas más importantes del mundo.

Connor Zwick

Comenzó a jugar con Javascript en la secundaria, y a los 19 estaba haciendo algunos de los tutoriales más demandados en la industria. El constructor de la aplicación Flashcards +. Zwick eventualmente abandonó Harvard para estudiar bajo el fundador de PayPal. Connor es un gran ejemplo de cobrar por una habilidad.

***

Como pudimos ver, distintos jóvenes consiguieron éxitos gracias a la utilización de sus talentos y la tecnología.

Personalmente me encanta la creación de marcas y productos físicos. Me encanta crear cosas originales y disfruto del arduo pero divertido trabajo que conlleva. Pero como puedes darte cuenta, he tratado mi suerte con este libro.

¿Por qué un libro? ¿Por qué historias?

Primero que nada, me gusta. Mi vida ha cambiado gracias a la lectura de historias y ejemplos prácticos. Muchas personas increíbles con las que aún no me puedo comparar, me han motivado de tal forma que he cambiado mi vida. Yo sé lo que es querer cambiar y sentirse atascado, como que no hay salida. Sentirse destinado a ser parte de esa mitad desafortunada. Así que decidí que quería ayudar a otros a salir de allí.

En ocasiones me encuentro con personas que me preguntan, que cómo encuentro las ideas, que están atascados, que no logran ingeniar nada.

El consejo que les doy a estas personas es: ¡Deja de pensar en cómo resolver tu problema de dinero! Existe una gran posibilidad, que si estás atascado es porque estas pensando "Quiero ser rico" y cómo solucionar tu problema. Te aseguro que tan pronto empieces a pensar en ayudar a otros, encontrarás soluciones a problemas mayores.

Si miramos el cuadro general y dejamos de prestarle atención al problema sencillo que otra persona puede solucionar, nos damos cuenta de los problemas que otras personas tienen que nosotros podemos solucionar.

Usemos un ejemplo de cómo encontrar un producto y hacer un negocio alrededor del mismo.

Digamos que sabes tocar la guitarra muy bien. De inicio puedes dar clases de guitarra en línea.

Podrías tener diferentes paquetes que tengan distintas lecciones y se paguen por separado.

- Aprendiendo los acordes básicos.

- Aprendiendo variaciones de los acordes.

- Clases de blues avanzado.

- Toca rock como un profesional.

Este es un ejemplo básico de un negocio que seguro está funcionando para alguien más. No te digo que copies esta idea y tampoco es la más original. Pero si estás confiado, sabes lo suficiente y puedes hacer que la gente quiera comprar tu producto, lánzate.

Si todavía no estás en el nivel de enseñar a otros, pero es tu sueño hacerlo, trabaja en ello. Si no eres bueno vendiendo, trabaja. No pienses que tu producto no es bueno porque no tienes habilidades de mercadeo o ventas. Vender es una habilidad que se aprende, así que trabaja.

Capítulo 13

Haciendo rentable nuestra pasión

¿Nos gustaría tener un perfil o página web tan convincente que convierta nuestras visitas en clientes? Tenemos que estar seguros de que tenemos las credenciales que lleven a las personas a confiar en nosotros para comprar el producto.

¿Y cuáles son esas credenciales? Las credenciales son las expresiones de validación de nuestro producto o servicio.

En Amazon, cuando queremos comprar algo lo primero que hacemos es ver los comentarios que han dejado los compradores previos. Eso nos indica si el producto vale la pena o no.

Pero esto es obvio, claro que hay que tener comentarios de nuestros clientes. Aun así, hay un sin número de páginas y tiendas online que no tienen un sólo comentario de un producto.

¡Historia!

Hace poco tiempo recibí una notificación en Facebook de una página de una empresa. La página de la empresa tenía el nombre de la misma, un logo pixelado y una entrada en la página de Facebook que decía "Somos un negocio que atiende a tus necesidades" o algo muy parecido a eso.

¡No entendí nada!

Después de leer eso cerré la página y no la volví a abrir. Otro día una amiga me habla por Facebook y me cuenta que tiene un negocio nuevo con su padre, es un negocio de consultoría. "Míralo y dime que crees. He visto que tienes negocios, así que tal vez te podemos ayudar con la contabilidad de tu empresa o con cualquier cosa que necesites". Me dio el enlace y reconocí la página. Para comenzar le dije lo feliz que estaba por ella ya que me encanta ver a mis amigos emprender. Luego le di mi consejo.

"Hey! en días anteriores me invitaron a darle 'me gusta' en Facebook a esa página. Entré y vi que decía algo como "Suplimos tus necesidades" y la verdad es que no le di "Me gusta" porque no tenía ni idea de a qué se dedicaba la compañía. Enfóquense de manera principal en las redes sociales porque aquí se están formando todas las nuevas empresas, y lo primero que hacen es crear un Facebook para llegar a más clientes. A ustedes les interesa ese público. Preparen una página web que se vea de altura. La asesoría es necesaria para no caer en los errores comunes y novatadas de los emprendedores. De hecho, cuando se toma asesoría, el dinero que se invierte en el pago de la misma, se ahorra en los errores que se evitan. Errores que los pueden llevar hasta a quebrar. La idea está genial y es súper explotable. Antes de invitar personas a que entren a la página, prepárenla y definan quiénes son y qué hacen. Que las personas sientan la necesidad de que si no tienen a ___ asesorándolos, van a tenerlo muy difícil."

Y ese fue mi consejo para ella. Días después recibí la llamada de mi amiga. Ella había compartido con su padre lo que le había aconsejado y él quería que yo fuera el líder de ese proyecto.

Si nuestros posibles clientes y las visitas que recibimos no ven validación del producto en nuestra página, ellos no tienen una razón para comprarlo.

Si hay una persona a la que le hayamos enseñado antes, o que haya sido influenciada por nosotros, utilizamos su testimonio en nuestro sitio web.

Si podemos tomar algunos cursos, pagados o gratis para convertirnos mejores en eso a lo que queremos dedicar nuestra vida, necesitamos hacerlo.

El cliente necesita ver todas las razones por las que adquirir nuestro producto o servicio es algo inteligente.

¿Cómo empiezo de cero? Soy bueno en esto o aquello pero nadie lo sabe. No tengo testimonios.

Lo recomendable en estos casos es lo que se le recomienda a toda persona en la universidad que no quiere llegar al momento de recibir su título sin nada de experiencia. Trabaja gratis. ¡Sí, gratis!

¿Qué quieres decir?

En estos casos en los que quieres impulsar tu negocio, dar parte de tu negocio gratis es una de las maneras más rápidas de conseguir crecimiento. Enseñar que tu producto es capaz de hacer y transformar como promete.

Hay diferentes formas de hacer esto. Dando consejos, entrevistas gratis, seminarios web, libros electrónicos y mucho más. Crea un blog y provee información útil para que las personas vean tu conocimiento y tus habilidades.

Siguiendo el ejemplo de las clases de guitarra, publica un video enseñando tu habilidad tocando la guitarra con un mensaje motivando a tocar guitarra como un profesional, por ejemplo.

Si eres un estudiante y estás buscando experiencia, ofreciéndote a trabajar gratis o por sueldos mínimos en esa compañía que ansias trabajar. Haciendo pasantías en organizaciones en tu campo profesional. Todos estos pasos los seguí para ganar validación y popularidad en un inicio.

Otra forma que creo que es excepcional para lograr hacer crecer tu negocio, es investigando en las redes sociales. Los "hashtags" son una forma genial de encontrar a las personas interesadas en lo mismo que nosotros. Seguir a esas personas y dejarles un comentario genera clientes con seguridad y seguidores garantizados. Y no estoy hablando de esos comentarios automatizados. Estoy hablando de ese trabajo de ir foto por foto dejando un comentario personalizado acerca de la foto. No sólo un "Bien hecho" o "Qué buena foto".

Digamos que trabajamos como diseñadores gráficos independientes o una agencia publicitaria nueva que necesita crecer. Podemos ir a compañías que tengan muchos seguidores y ofrecerles nuestro producto.

¿Cómo?

En sus perfiles a veces está su correo electrónico. Y si no, normalmente está en su página web.

Cuando tengamos su contacto, le enviamos algo tan sencillo como:

"Veo que tiene una gran comunidad de ___; podríamos ayudarlos a promocionar su marca de tal o cual manera con nuestro servicio." Y ¡Boom! Ofrecemos nuestro producto.

"El precio normal de este servicio son $200 pero estoy dispuesto a darle un 80% de descuento si pone mi nombre de usuario en su publicación. O hasta se puede hacer gratis."

Yo he sido abordado de esa forma por diseñadores independientes para distintos trabajos.

Si tenemos una agencia publicitaria, somos diseñadores o publicistas. Buscar compañías con logos defectuosos. Eso es lo que más hay. Y ofrecerles nuestros servicios a un muy bajo precio. Ver sus redes sociales y trabajarles una línea gráfica.

Recuerda, estamos yendo a la distancia aquí. Podrá sonar como perder la oportunidad de una venta. Pero aquí no estamos tratando de vender. Sino crear una base de clientes para obtener validación para poder optar a un precio más alto en el futuro. Olvidémonos del dinero en este proceso.

A este ritmo, con un bajo precio, en vez de ganar un buen dinero por dos empresas, podríamos ganar significativamente menos, pero por diez. Conozco amigos que sus agencias nunca despegaron, pues se lanzaron como grandes peces sin tener experiencia.

Es importante entender que las personas quieren sentirse inteligentes cuando hacen una compra. No se siente inteligente darle dinero a una empresa que no conocemos ni tenemos pruebas de su trabajo cuando podemos darle la misma cantidad a una agencia probada y reconocida. O amigos que hasta salieron del país a probar su suerte como fotógrafos. Uno en específico me explicaba la razón de su alta tarifa. Me decía que tenía que darle valor a su trabajo ya que era de mucha calidad. Pero su portafolio era la mitad que los de fotógrafos que cobraban menos que él. No logró tener éxito.

El problema de muchos es querer ganar dinero desde el principio y su falta de paciencia. Se gradúan de la universidad y de pronto son Da Vinci del diseño gráfico. No importa el talento, si no hay experiencia, falta un 80% de validación.

Presencia en el Internet (redes sociales, páginas de internet)

Este es uno de mis temas favoritos porque existen tantas posibilidades para los nuevos negocios en las redes sociales, y las personas no se han dado cuenta todavía del poder de las mismas y siguen gastando dinero en prensa que no convierte.

Existen diferentes plataformas y cada una se explota de una manera diferente; Facebook, Instagram, Twitter, Pinterest y más. Los utilizo a todos para distintos procesos y pueden ayudarnos dependiendo de qué hacemos y también en qué plataforma nos hemos movido por el más largo tiempo. Eso podría significar que tenemos tracción allí.

Soy usuario de Instagram y Facebook y no me había dado cuenta hasta hace unos meses, pero Twitter representa una excelente base para los emprendedores para conectar. Yo había parado de "Twitear" a menos que viera un juego de mi equipo favorito y quisiera interactuar con los fanáticos o seguir las reacciones. Yo pensaba que como ya no usaba tanto Twitter, ni mis amigos lo hacían, que había perdido toda su popularidad. ¡Ha! Como si yo fuera la tendencia. Gran error.

Twitter sí ha perdido popularidad ya que es muy ruidoso, se ve demasiado contenido que no interesa. Pero por otro lado, la plataforma se ha limpiado y ha dado paso a otros tipos de conexión.

Dependiendo de qué producto ofrecemos, vamos a tener un público que se concentrará de manera especial en una plataforma específica. Pero no importa el público al que nos concentremos, mientras mejor contenido, más grande la base de fanáticos. Las personas comentarán en nuestras fotos y las compartirán.

Suena obvio, ¿no? Entonces, ¿Por qué hay tantas empresas compartiendo tanta basura? ¿Por qué hay tantas empresas ignorando las redes sociales?

La importancia de las redes sociales es tan grande que hay excelentes libros solamente acerca de esto. Necesitaría otro libro para poder describir en profundidad este tema. Sólo daré un ejemplo muy práctico que explica la necesidad de enfocarse en las redes sociales.

Hace algunos años, viendo un programa de televisión o deportes, al terminar los segmentos llegaban las propagandas. Estas se aprovechaban para ir al baño y de vez en cuando veíamos algún que otro anuncio. En la actualidad, tan pronto acaba el segmento, estamos en el celular, y si no en la tableta, y si no en la laptop.

Cuando íbamos al estadio, en los tiempos libres mirábamos alrededor, ahí teníamos la opción de mirar la publicidad. Ahora estamos en el móvil.

Estas campañas son increíblemente costosas y no hay forma de probar su efectividad. Si comparamos esto con Facebook, donde por un par de dólares podemos enviar una campaña a un público especifico y donde podemos saber cuál fue el porcentaje de reacciones, si hubo clics, dónde, y hasta formas de poder re-enviar una mejorada campaña a personas que no compraron pero se mostraron interesados en nuestro servicio, es lógico pensar que más empresas estarían cambiando a este modelo. Pero no.

Más adelante hablaremos más de este tema.

Productos web y audiencia

Haz una página de internet.

¿Por qué? No importa si el producto se vende en línea o no, o si la empresa es grande o pequeña. El mundo está conectado y está en línea, si no estás arriba, estás muerto o muy cerca de estarlo. Tener una página de internet con información de contacto puede incrementar tu captación.

En lo personal, he dejado de comprar de empresas que no tienen su información en línea y hasta porque sus páginas no son amigables. En el mundo en que vivimos, 10 personas ofrecen la misma solución; si uno lo hace difícil para mí, otros 9 pueden darme el servicio. Es la belleza del capitalismo.

Es una batalla de vida o muerte para lograr escapar la competencia entre empresas. Muchos fallan y desaparecen por esta misma razón; se puede competir hasta un punto, pero siempre llega alguien que se establece como el líder. Ese escapa la competencia.

Una forma de escapar la competencia es teniendo una buena página de internet, moderna, amigable y bonita.

He creado diferentes páginas de internet con plataformas en línea que te permiten hacerlo tú mismo. La mayoría son bien fáciles de entender y se explican solas. Aun así, usando uno de estos sitios, me encontré con dificultades que ejemplifican lo que acabamos de explicar.

Usaremos las variables X e Y para diferenciarlos.

Uno de mis primeros sitios web fue creado con el sitio X, el cual no era mi favorito. Pero, era tan fácil de usar y limpio, que no tenía que pasar mucho trabajo para lograr el resultado que quería. Mi deseo era crear una página con el sitio "Y" ya que tenía más funciones. Este sitio era considerablemente más difícil y eso hizo que al final terminara usando la otra empresa. Una perdió un cliente, y yo conseguí lo que quería de todas formas.

Hay un problema con muchas empresas. ¡Sus sitios de Internet apestan! No quieren invertir en algo que se devuelve. Nosotros no queremos ser como ellos. Y volvemos al punto que tratamos anteriormente. Desarrollar un negocio en este momento significa estar a la vanguardia de cada uno de los temas del momento. Antes un logo, o una página web no eran necesarios. Ahora, la competencia hace que sean mandatorios.

Mantener la información del cliente

Debemos asegurarnos que nuestras páginas de Internet, retengan la información del cliente. Que si el cliente entra a la página, exista una forma que le haga dejar su información de contacto. Esto se puede hacer sin aun haber lanzado la empresa. Podemos mantener a esos clientes cerca y atentos, mandándoles información relevante para ellos. Así, cuando el producto lance, ellos estarán más dispuestos a obtenerlo.

Cuando empecé a probar estos métodos, utilicé un servicio que me permitía crear ventanas de subscripción a mi página sin costo. Y luego utilicé otra que me permitía mandar correos electrónicos a todos mis subscriptores, manejar mis contactos y ver resultados. Con la posibilidad de 2.000 subscriptores y mandar hasta 20.000 correos electrónicos al mes, también gratis.

Este tipo de herramientas ayudan en gran manera al inicio de cualquier tipo de negocio, y es importante no dejar de valorar el poder de los correos electrónicos. Crea una lista de subscriptores y déjales saber cuándo hagas un blog, lances un curso o producto, etc. Después de tener la información de contacto, se nos abre una gran ventana de oportunidades.

Como dije anteriormente, una de las formas más rápidas de hacer crecer nuestro negocio, es dando productos e información gratuita. Una persona que hace blogs puede hacer una serie de videos hablando de habilidades de mercadeo, escritura o lo que sea de lo que se trate su blog. Aquí una lista de algunas cosas que se pueden dar como mercancía gratuita:

- *Series de videos*

- *Concurso de productos*

- *Libros electrónicos (Ebook)*

- *Revistas*

- *Seminarios web (Webinars)*

Hay diferentes estrategias y opciones de las cuales podemos escoger. He utilizado el libro gratis y también el concurso de producto. Y he generado la captación de clientes para luego hacer una venta. Es por eso que es vital entender que lo que hacemos con estos productos gratis no es ganar dinero, sino utilizarlos para captar la atención. Estos productos son carnadas de pesca.

Nada pasa si damos productos a clientes potenciales y ahí lo dejamos al asunto. Al final de cada video, seminario en línea o producto, debe haber un llamado a la acción.

Entre los concursos y las redes sociales podemos conseguir suficiente audiencia para que cuando decidamos lanzar nuestro producto, haya una lista de clientes esperándolo.

Cuando selecciones tu producto y esté listo para ser vendido; lánzalo seriamente.

Lanzando nuestro producto

Este es un gran día. Entiéndelo, actúa de acuerdo a ello y piensa en grande.

Para cada lanzamiento yo tengo un plan de 3 pasos. Planeación, ejecución y celebración.

Ahora, estoy seguro que no vas a querer tener los errores que yo tuve en mi primer lanzamiento.

Para enseñar el cómo hacer un buen lanzamiento, vamos a repasar nuestra experiencia en el primer lanzamiento. Las cosas que no debemos hacer y las que sí.

Cuando mi mejor amigo y yo nos decidimos por nuestro producto y teníamos el dinero para lanzar, estábamos muy felices. Encontramos el producto, creamos una marca, hicimos un logo y empezamos a planear y trabajar. Con meses de anticipación enseñamos el producto a amigos y todos estaban encantados con el producto. Ya estábamos en el proceso de fabricación y habíamos pagado el costo de producción.

Estábamos adentro.

A muchos de nuestros amigos les encantó el producto y les pareció fascinante. Incluso, muchos dijeron "ponme en la lista, voy a ser el primero en comprar tu producto". Teníamos una larga lista de nombres. Necesitábamos opiniones y testimonios para poder establecer nuestro producto, y dijimos; "Con todos estos nombres definitivamente vamos a tener un gran lanzamiento".

Empezamos una campaña de expectativa una semana antes de lanzar el producto y estábamos listos para el lanzamiento. O eso pensábamos.

El día antes del lanzamiento estábamos tan emocionados como se podía estar, pasábamos a ser dueños de nuestra empresa. Y ese sentimiento de orgullo al crear algo propio estaba a flor de piel.

Yo dormí en casa de mi socio y él pidió esa semana de vacaciones en el trabajo para utilizarlo en nuestro proyecto.

Fuimos al supermercado y compramos picaderas, bebidas energéticas y hasta vino para celebrar.

¡El día llegó!

Eran cerca de las 7:00am y saltamos de nuestras camas como trampolines. Empezamos el proceso. Twiteando, Instagrameando y Facebookeando.

Teníamos nuestro perfil en Instagram con más de 1.000 seguidores y subimos nuestras fotos diciendo "¡Lanzamos!"

Qué alegría. No recuerdo alguna otra vez en la que estuve tan feliz y emocionado. Finalmente estaba sintiendo y probando un poco de lo que los emprendedores contaban en sus historias.

Mi socio me dice, "La meta es vender $1.000 dólares". A lo que yo, inocentemente, respondo; "Podemos llegar a $2.000 si trabajamos súper duro y le decimos a las personas suficientes".

Seguimos trabajando y refrescando nuestra página de ventas para ver cuánto íbamos vendiendo. Nada aun, era el medio día pero aun así estábamos esperanzados. Las horas pasaban y empezamos a bajar las expectativas. "Mil dólares no serían un mal resultado".

Seguí contándoles a mis amigos y dejándoles saber que habíamos lanzado y ya podían comprar el producto. A lo que 99% de ellos decía: "¡Felicidades! La compro tan pronto que pueda."

Espera, ¿No estaban todos ellos ansiosos por el lanzamiento del producto para comprarlo? La respuesta es, no.

Al final del día terminamos con una venta y el gran total de 40 dólares en ventas.

Parecía un desastre total y un fracaso, pero estaba tan feliz porque sabía que lo que había pasado ese día, no sólo que no volvería a pasar, sino que me había enseñado muchas lecciones. De igual manera teníamos que celebrar. Empezamos una compañía y trabajamos mucho para lanzarla. De hecho, en septiembre del 2015 dijimos que lanzaríamos en diciembre del mismo año. Terminamos lanzando el 15 de abril del 2016. Las cosas nunca salen como se planean y pasa de todo en el camino.

Así que tuvimos muchos errores y aprendimos lecciones valiosas ese día. Después empezamos a vender y en corto tiempo pasamos la meta de los 1.000 dólares en ventas, lo cual fue un gran éxito. Para lograr ganar testimonios, bajamos el precio del producto, y esta vez nuestros amigos los compraron y nos dieron sus comentarios. Les encantó el producto.

Por el momento nuestra empresa está en proceso de recapitalización de la inversión inicial y estamos contentos con los resultados que hemos obtenido. Aun así no estamos conformes y vamos por más.

Ahora bien, estos errores nos ayudaron a darnos cuenta de muchas cosas. No fue tanto las cosas que hicimos mal, sino las que dejamos de hacer. Cosas que eran necesarias.

Para poder aprender tanto como pudiera, empecé a estudiar los lanzamientos de otras marcas, leí mucha información de libros y mercaderes en línea acerca del proceso de un lanzamiento exitoso. Muchos de estos pasos sí fueron tomados en cuenta en el lanzamiento de nuestra fundación. Eso fue otro resultado completamente diferente. Entremos al plan.

El plan

Muchas personas al momento de crear su producto lo ponen en línea. Simplemente eso; sin ruido ni lanzamiento. Eso es un error fatal, no es una buena idea el crear un producto y dejarlo ahí, a ver si alguien lo compra.

Debemos de lanzar tan grande como nuestras posibilidades nos lo permitan. Y para tener un lanzamiento correcto, debemos de tener un plan correcto.

Para las redes sociales, cada blog, foto, imagen, diseño, canción o video debe de estar listo, en espera y a un clic de distancia el día antes del lanzamiento.

Mi recomendación y forma es la siguiente, en las redes sociales, para generar ruido necesitamos un mínimo de:

1 Tweet cada hora

1 Foto en Instagram cada 2 horas

1 Post en Facebook cada 3 horas.

Además de que cada foto de Instagram se suba automáticamente a cada canal.

Y algunas de las fotos más llamativas en Facebook o Instagram, deben de ser promocionadas a través de los anuncios de Facebook. La cual es la mejor plataforma de anuncios ahora mismo.

Las personas deben de saber que algo está pasando, y así empezarán a comentar, compartir y hacer preguntas.

Es importante formar un equipo sólo para las redes sociales en el día del lanzamiento. Dependiendo del tamaño de tu compañía el equipo podría ser desde un número alto de personas, hasta tú sólo.

En una ocasión trabajé como Administrador de Comunidad de redes sociales para Western Digital, la cual es una de las empresas de discos duros y almacenamiento más grandes del mundo. Teníamos diferentes equipos que manejaban los diferentes continentes e idiomas. Otros que manejaban la creación y publicación de material gráfico. Había otro grupo que se encargaba de estar al tanto de cada comentario en cada plataforma, para poder ayudar con cualquier problema o cliente insatisfecho. Otro grupo se encargaba de responder a esos clientes. Esta era una empresa monstruosa.

El plan de una empresa como esta es completamente diferente al de un pequeño o mediano startup.

Lo importante es tener un plan sólido y llevarlo a cabo. Ahora, algunos consejos del lanzamiento.

1. Es importante empezar a trabajar en la plataforma de redes sociales antes del lanzamiento del producto. De lo contrario, el

día del lanzamiento no habrá nada que decir en las redes sociales. También podemos utilizar nuestras redes sociales personales para compartir lo que estamos lanzando. Muchas personas siguen cuentas y compañías por el enlace que sienten o tienen con el dueño. Se sienten importantes de conocer al dueño. También, las personas se sienten más cómodas y atraídas a seguir la causa de un emprendedor que una marca sin cara.

2. Haz un equipo de personas que cuidadosamente selecciones para hacer ruido. Se le puede pagar con muestras, camisetas, gorras, y muchas personas lo hacen sin paga. Como voluntarios.

Déjales saber que estarás lanzando una compañía y necesitas que esas personas comenten y compartan lo que se publique ese día con el fin de crear ruido. Es importante recordar que el algoritmo de Facebook, al día de hoy, te pone delante lo que ves por relevancia. Mientras más personas comentan y dan me gusta a una publicación, más oportunidad tiene de hacerse viral, que es la meta.

Cuando nuestra fundación lanzó, teníamos un equipo que compartía y comentaba en todas nuestras publicaciones. En algunas ocasiones cuando le iba a hablar a mis amigos acerca de la fundación, me decían: "¡Ah sí! Facebook está lleno de publicaciones de esa fundación". Eso es un éxito rotundo.

3. Cuando estamos lanzando un producto nuevo, es posible que no tengamos validación. ¿Qué es esto? Cuando una empresa está a punto de lanzar su producto, ellos mandan muestras a sus clientes para obtener sus opiniones del producto. Una vez recibidas, si son positivas y el producto está listo, estas opiniones se utilizan para mercadeo. Las ponen en la página web, en fotos, video, o cualquier forma que pueda hacer que la persona que tenga el deseo de comprar el producto se dé cuenta que a otras personas les ha gustado.

Así que tenemos que dar algunos de nuestros productos gratis o a muy bajo costo antes del lanzamiento para conseguir validación.

¿Cómo hacemos esto?

Depende del tipo de negocio que queramos implementar. Si es un producto, podemos dar algunos gratis. Si el producto es muy costoso podemos dejar a algunas personas utilizarlo y que luego lo devuelvan y nos den su opinión. Como dijimos anteriormente, esas opiniones se utilizan como publicidad. Y se colocan en las páginas de internet normalmente como "Testimonios".

Algo que ayuda mucho es tomar el punto de vista del cliente hacia nuestro negocio. ¿Qué clase de preguntas nos haríamos si fuéramos los clientes?

¿Cómo sé que este producto funciona si no tiene testimonios? ¿Y si este producto es malo? ¿Y si es un robo? ¿Y si nadie lo compra porque el precio no es justo?

Estas son preguntas que nos hacemos para comprar un producto en línea.

Yo me puedo encontrar a veces en Amazon comprando un producto y lo primero que voy a hacer es ver lo que otras personas dicen del mismo. Si el producto no tiene opiniones de clientes, busco otro. Uno de mis amigos más cercanos es un poco más excéntrico. El busca top 10 de todo. Si quiere unos audífonos, busca el top 10. Si quiere una afeitadora, top 10. Él es más escrupuloso que la mayoría de los clientes, pero la realidad es que todos buscamos validación antes de comprar un producto. Este tipo de preguntas nos ayudarán a resolver estos inconvenientes antes de que los clientes lleguen a nuestra plataforma.

Nuestro lanzamiento puede ser tan grande como queramos que sea. Pero si queremos un gran lanzamiento, debemos de estar dispuestos a pagar el precio.

Si no somos influencias en las redes sociales y no tenemos miles y miles de fanáticos conectados con nuestro contenido tendremos que gastar o invertir en publicidad. Y así llevar nuestro producto a los ojos de los clientes.

Veamos algunos de los medios de publicidad y mercadeo para nuestro lanzamiento.

Facebook Ads (Anuncios de Facebook)

Facebook es la red social más poderosa del mundo y nos permite llegar a personas que no son parte de nuestro círculo. Una gran función de esta plataforma es lo detallada que permite que sea la audiencia seleccionada para recibir la promoción.

De esta forma nuestra promoción le llega al tipo de personas que a nosotros nos interesa que llegue.

Instagram Shoutouts

Una forma de llegar a personas que no sean parte de nuestra base de seguidores, es ser promovidos en grandes cuentas en Instagram. Podemos pagarle a cuentas que tienen 500k seguidores, un millón, dos millones etc. Esto nos permite tener acceso a personas de todo el mundo.

Un pequeño bono aquí.

La mayoría de estas grandes cuentas utilizan la aplicación KIK para comunicarse y negociar los precios. Si estás interesado en la lista de esos contactos te la puedo hacer llegar. Estos son nombres públicos y pueden ser encontrados en los perfiles. Pero te ahorraría el tiempo de ir uno por uno.

gabrielmartef@gmail.com

Páginas de Facebook

Si tu producto es tecnológico como lo es el nuestro, una genial forma de promoverlo es compartir contenido en grupos tecnológicos y páginas de fanáticos del tipo de producto que vendamos. Si estuviéramos lanzando cursos de yoga por ejemplo, deberíamos de tratar de encontrar cada club de Yoga que tenga un grupo en Facebook o cualquier tipo de fanáticos de Yoga, y compartir nuestro contenido con ellos.

Para promover nuestra tienda en línea, nos pusimos en contacto con una página de noticias tecnológicas. Ellos hicieron un especial acerca del producto.

No es mandatorio utilizar dinero en ninguno de estos medios. Pero si queremos hacer un gran lanzamiento, este es el camino menos costoso. Nada de periódicos, nada de anuncios de televisión o publicidad costosa que no convierte.

Por un tiempo trabajé en una empresa en la que las personas encargadas del mercadeo, estaban empecinados en utilizar el periódico o prensa escrita para promover su lanzamiento y sus actividades. Una de las encargadas abogaba por los periódicos y se apalancaba en su conocimiento de los mismos pues trabajó un largo tiempo en este mercado hacía cerca de 15 años. Debido a los cambios que hemos vistos en los últimos años y la evolución de las redes sociales como método de promoción, no parecía tan certero utilizar un medio que ha perdido tanto peso e importancia.

Después de reuniones y reuniones e intensas conversaciones para hacerles entender el poder de las redes sociales, el encargado decidió intentarlo.

Cinco dólares por cinco días a una entrevista que tuvimos en un periódico.

Normalmente, las publicaciones en nuestra página tenían un numero de 150 a 300 visualizaciones y de vez en cuando un comentario o dos y como mucho alguien que compartía la información.

Hicimos la prueba.

El post llegó a más de trece mil visualizaciones, pasó también de dos clics a mil ciento cuarenta y seis.

Y esto solamente en la página, la publicación fue compartida 28 veces, generando más clics fuera del análisis de Facebook y mucho más impacto.

En mi Facebook personal llegó a 189 "me gusta" y 51 comentarios.

Como resultado, llenamos un evento con más de mil personas y el equipo solo dijo; "De verdad que las redes sociales funcionan".

El consejo final es: conocer nuestra capacidad de satisfacer la demanda que se cree después del lanzamiento.

Digamos que nuestro lanzamiento fue un éxito rotundo, mejor de lo esperado. Y no estamos listos para esa cantidad de clientes. Los clientes van a darse cuenta, no recibirán el servicio y matarán el negocio. Debemos de manera optimista prepararnos para el mejor y peor escenario.

En un negocio familiar, mis padres dan un servicio que es deseado por todos. El problema de este servicio es que el proceso es casi artesanal, muy mecánico y toma mucho tiempo. Mi padre, el dueño del proyecto, lo vende. Mi madre lo trabaja con su conocimiento en contabilidad y administración.

En diferentes ocasiones mi madre le decía a mi padre que dejara de vender el proyecto pues no teníamos infraestructura para sostener tantas órdenes. Mi padre sin un estudio de procesos de la empresa, no tenía un límite que pudiera trabajar sin sangrar el proceso.

A pesar de haber trabajado con grandes empresas de nuestro país, algunas sufrieron por este error. Y las perdimos como clientes.

Ejecución

Cuando el día llegue, todo debe de estar listo. Se publica todo y se responde a tiempo.

Hay que estar listos para las preguntas.

Hay que estar listos para las dificultades.

Hay que estar listos para improvisar.

Hay que evitar todas las distracciones.

Con el lanzamiento, si lo que queremos es vender mucho, debemos de haber puesto el trabajo previo en validación como hemos hablado en páginas anteriores. El día del lanzamiento es ese momento en el que colocamos nuestra marca en el ojo público y trabajamos fuerte para hacerla cada vez más grande.

Debemos de estar encima de los grupos que formamos para que nos den apoyo. Cada vez que publiquemos, debemos decirles que lo compartan en sus redes. Estas personas no nos van a comprar, sólo van a generar ruido y la posibilidad de que posibles clientes tengan acceso a nuestro producto. También lograrán poner la organización a la vista de más personas.

Cuando lanzamos la fundación, el propósito no era ganar dinero. Queríamos dar la causa a conocer para poder ayudar a más personas. Hicimos un lanzamiento físico, pero nos mantuvimos posteando en las redes sociales y utilizamos los anuncios de Facebook para dar a conocer la organización.

Como resultado, logramos crecer rápidamente. Yo estaba etiquetado en una de las fotos que fueron promocionadas, y mi Facebook personal hasta se hizo viral. Recibía más de 100 solicitudes de amistad al día. Tengo cientos de invitaciones de amistad que no he podido aceptar en mi Facebook. Y sin contar los mensajes privados. Pero la audiencia seleccionada fue puntual y se logró el cometido.

Celebrar

Al final del día, hay que celebrar. ¡Lo logramos! Lo logramos no significa hicimos mucho dinero, o nuestro lanzamiento fue un éxito. Lo logramos significa que lanzamos nuestro proyecto.

Es tiempo de salir de la oficina y celebrar con amigos y socios. Es el último paso del lanzamiento, pero el comienzo de nuestro proyecto.

Celebrar nos ayuda a entender y sirve como un recordatorio de que un proceso bien trabajado funciona. Y que el esfuerzo tiene recompensa. Algo personal que recomiendo a cada emprendedor, es celebrar cada pequeño éxito.

Capítulo 14

Impulso Final

¿Cuál es nuestra excusa para conseguir nuestras metas?

Antes de terminar este libro, quisiera motivarte un poco más si es posible. Quisiera darte una parte más de mi ritual diario que me ha ayudado a mantenerme motivado cada día y me ha hecho entender que mis sueños son posibles de alcanzar.

Hay días en los que ya no veo el carro de mis sueños. Veo menos videos motivacionales. El proceso en el que estoy ahora mismo me motiva lo suficiente y los resultados que he obtenido me empujan a seguir trabajando. Este no era el caso cuando empecé a emprender, y es por esto que tomé esas medidas para poder estar enfocado en todo momento.

Pero hay algo que fue una de las cosas que más motivación me dio para lograr mis metas y para entender que no importa cómo mi presente se vea, mi futuro se puede ver mejor.

Tengo una lista de personas que fueron despedidas, tuvieron inicios difíciles, quedaron en quiebra, perdieron familiares, empezaron tarde, entre otras dificultades, pero aun así lograron el éxito.

Cuando me despidieron de mi trabajo, fue un punto de quiebre para mí ya que nunca me había sentido así en mi vida. En cada compañía para la cual trabajé excepto de la cual me despidieron, al momento de querer renunciar, mis gerentes se reunían conmigo para ver cómo podían hacerme quedar.

Siempre di todo de mí, tal vez más de lo que debía, y así en todas las empresas para las cuales trabajé. Así que este sentimiento de rechazo, inseguridad e ingratitud me marcó en gran manera. De aquí salí pensando en cómo tenía que asegurarme de que esto nunca me volviera a suceder y nunca me sintiera así de nuevo.

Una forma de mantenerme siempre activo era la motivación constante. Esta lista tiene nombres que tal vez conozcas y hayas oído de sus dificultades.

Walt Disney, el empresario Mark Cuban y Oprah Winfrey al igual que otras personas exitosas, fueron despedidos y despreciados. Ellos nunca se dieron por vencidos. ¿Por qué nosotros sí?

La única diferencia entre una persona exitosa y una fracasada, está en las decisiones que toman.

Veamos:

El editor de un periódico despidió a Walt Disney porque "Le faltaba creatividad y no tenía buenas ideas". Y todos sabemos quién es él hoy.

J.K. Rowling fue despedida ya que pasaba la mayoría de su día soñando despierta y secretamente escribiendo en horas de trabajo acerca de un joven mago llamado Harry Potter. Su valor está por encima del Billón de dólares.

Oprah Winfrey fue sacada del aire por emocionarse con las noticias, y fue juzgada como "no buena" para las noticias televisivas. Le ofrecieron un programa matutino que hoy es uno de los programas más famosos de la historia de la televisión. El Show de Oprah Winfrey.

Lee Iacocca era un trabajador en Ford Motor Company. Fue despedido por sus "malas ideas". Chrysler, después de verse en peligro de ir a la quiebra, le abordó. Hoy, Iacocca es acreditado como la razón del renacimiento de la marca, y es su pasado presidente.

Después de una presentación en el Grand Ole Opry en Nashville, el gerente del salón de conciertos le dijo a este cantante que le iría mejor manejando camiones. Ignorando estas críticas, siguió cantando y se convirtió en el rey del Rock. Elvis Presley.

Robert Redford fue despedido, Madonna, Thomas Edison y muchos más. Esto no los paró, al contrario, le dio más hambre.

Otra lista que me encanta es la de personas que estaban en la quiebra o no tenían nada y persiguieron sus sueños y los alcanzaron.

Warren Buffet era un vendedor a medio tiempo. Aunque es el que tal vez menos deba ir en esta lista, ya que desde temprana edad hizo mucho dinero. Mark Cuban vivía en un apartamento con cinco amigos donde él no tenía ni una cama. Tina Fey la actriz, era administradora de cuidado de niños para YMCA. Tim Allen fue arrestado y sirvió dos años en prisión. Ralph Lauren dejo la universidad (los que dejaron la universidad es otra lista fascinante) y hacía corbatas para un pequeño negocio. Por último, el fundador de Amazon, Jeff Bezos, trabajaba en McDonald's.

Estas eran personas muy normales, hasta que decidieron no serlo.

Haber sido despedido en verdad significó mucho para mí. Era el gran choque con la realidad que necesitaba para convertirme en quien soy hoy.

Algunas personas lamentablemente no lograrán sus sueños, no porque no puedan, sino porque no están dispuestos a sacrificar las cosas que les gustan por las que le convienen. Yo siempre recuerdo un consejo que mi madre me daba cada vez que estaba procrastinando, viendo películas, viendo futbol o jugando. Me decía: "Todas esas personas que ves en TV son el resultado de sacrificios para llegar ahí. Si tú quieres lograr algo, vas a tener que tomar algunos sacrificios propios".

Y esta es la verdad para la mayoría de ellos. Tuvieron que sacrificar familia, diversión, fiestas y muchas otras cosas para llegar a donde están hoy.

Hay muchas personas que les gusta dormir más de lo que quieren tener éxito, les gusta ver TV más de lo que quieren el éxito. El éxito es para las personas que están decididas a sacrificar lo suficiente para lograrlo. Si me respondes "pero esto no es fácil". Primero, tienes toda la razón. Segundo, no te pares en ese pensamiento, porque si lo haces, cabes perfectamente en un horario fácil, con un sueldo fácil. En la otra mano, podrías hacer lo que no es normal y tener los resultados que no son normales y la minoría disfruta. Puedes estar muy emocionado por lo que el futuro depara, te reto a que tomes acción y vayas por él.

Te deseo lo mejor.

Agradecimientos:

Quisiera tomarme un momento para agradecer a algunas personas que han sido muy importantes para este libro, mi vida y mi crecimiento. Algunos los mencionaré de una forma específica, y a otros de manera general.

Gracias a los publicistas y fotógrafos que con tanto interés han querido ser parte de este proyecto, dando de su talento y habilidades para que este libro sea lo que es hoy.

Gracias Chris Viola, el creador y mente detrás de la portada de este libro. Gracias por todo tu esfuerzo para que la portada quedara tan grandiosa. Gracias también por todas las clases de publicidad que me has dado en la oficina.

Gracias Juan Carlos Paulino. El desarrollo de mi marca personal no fuera ni la mitad de lo que es sin tus fotos. Además de esto, por tu confianza para el proyecto que estamos creando. Gracias por ser un apoyo increíble en la empresa y tu dedicación a hacer este proyecto un éxito total.

Gracias Pedro Pablo Melo. Pepe, gracias por ser un excelente crítico en las etapas iniciales de mi libro. Ayudándome a hacer del libro una mejor experiencia para el lector.

Gracias Francesco Romano. Gracias por tu disposición a ayudarme con el material audio visual para mis emprendimientos y marca personal.

Muchas gracias a todos mis mentores, cuyos mensajes de motivación, consejos e instrucciones me han enseñado en gran manera. En especial a César Cordero, quien ha estado muy cerca conmigo en mi proceso de desarrollo profesional y que ha sido responsable de mucho de lo poco que sé acerca de comunicación.

Gracias Nathan Chan por ser uno de mis modelos a seguir, por tu humildad y por tus consejos.

Gracias Yuji Chong. Las palabras no son suficientes para expresar el agradecimiento hacia tu persona. Tu amistad en medio de los negocios

ha sido ejemplar. Gracias por cooperar con gran parte de lo que este libro es. Por ser la primera persona que creyó en mí para convertir la primera idea de negocios en una realidad.

Gracias Luis Manuel Almanzar. Por invitarme a emprender cuando era lo que más quería hacer.

Gracias Isaac Colón y Josué Peña. No solo socios de negocio sino también amigos de la niñez. Ustedes han creado una competencia sana que ha provocado en mí un deseo de superarme cada vez mas.

Gracias Hostos Rizik. Tu apoyo ha sido vital para este proyecto. Gracias por tu disposición a ayudar y aportar de tus recursos para lograr hacer este proyecto una realidad.

Gracias a todos los grupos de emprendimiento local e internacionales cuyos consejos y experiencias me han permitido aprender tanto acerca de los negocios.

Gracias a las personas que de una u otra forma me han motivado. Ya sea positiva o negativamente, gracias.

Finalmente pido perdón a todos aquellos que han ayudado en estos dos años de cualquier forma a mi libro y he fallado en mencionar. Les agradezco grandemente por su apoyo.

¿Quiénes son las personas en la portada del libro?

Si te fijas bien, la portada del libro es un gran cerebro. Conformado por los rostros de distintos emprendedores de todas partes del mundo. Esos emprendedores de una forma u otra me han influenciado y han llenado de conocimiento la mente de este joven emprendedor. Este es el concepto detrás de la portada.

Ahora, ¿quiénes son estas personas y que hacen?

Jason Stone

Social Media Influence

IG: @Jason__Stone, @Millionaire_Mentor

Jason fue la primera persona a la que le hablé de mi libro. El es la persona detrás de @MillionaireMentor, una de las cuentas de motivación más grandes de Instagram. Es inversionista y ha creado diferentes negocios en línea. Jason aceptó apoyarme con el libro desde el primer día, leerlo y escribir una recomendación.

Gracias Jason.

Nathan Chan

Editor Foundr Mag

IG: @Foundr

Desde que empecé a emprender, estaba siguiendo la revista @foundr en Instagram. Después tomé algunos de los cursos que ofrecían y tuve la oportunidad de conocer a Nathan para ayudar a promover su libro. Cuando le hablé de mi proyecto, no dudo en darme su apoyo. Nathan ha entrevistado a los mejores emprendedores de todo el mundo y su revista contiene mucho valor para los emprendedores. Foundr es tal vez la revista más importante de el mundo en emprendimiento.

Michel Issa

Emprendedor Social

IG: @Michel__Issa

Michel no solo es un emprendedor empedernido, si no que es famoso por sus contribuciones filantrópicas. Opera una organización de caridad llamada World Aid Active, que construye centros médicos en Irak, Siria y otros países. Fue otorgado el reconocimiento real de Suecia por su Rey en el 2014 y emprendedor social del año. Un honor haber recibido su apoyo.

Brett Horrocks

CEO Surge Supplemets

IG: @Bretthorrocks_

Yo encontré a Brett gracias a Instagram. El es un emprendedor de solo 21 años. Dueño de Surge Supplements y Surge Shots. Empezó en su ciudad y ya esta a lo largo de Estados Unidos. Es de gran inspiración para mí.

Ginicanbreathe

Influencer/Consultora de Snapchat

IG/Snapchat: @GiniCanBreathe

Gini es otro nivel. Considerada la consultante número 1 del mundo en Snapchat. Si, Snapchat es su trabajo. Viaja alrededor del mundo y asesora a las empresas mas grandes del mundo en como utilizar la plataforma. Gini y yo tenemos amigos en común y tuve el honor de conocerla. Automáticamente, al hablarle del proyecto quiso ser parte y me siento muy honrado de que sea parte de él.

Nanxi Liu

CEO de Enplug

IG: @NanxiLiu

Antes de los 24 años, ya Nanxi había creados dos empresas exitosas, y al día de hoy ha creado mas. A su corta edad, ha logrado tanto que merece su propio libro. Su empresa Enplug fue financiada por Dell, Intel, y la Universidad de Duke, después que la empresa ganara el premio joven de innovación patrocinado por Nokia y Microsoft.

Dan Norris

Best Selling Author /Emprendedor

IG: @theDanNorris

Dan ha escrito cuatro libros. Entre ellos "7 Day Startup" el cual está en la lista de los mas leídos del New York Times. También es el creador de WP-Curve, empresa que acaba de comprar Go-Daddy.

Caleb Madix

Autor/Motivador

IG: @CalebMaddix

Caleb es un joven de 14 años que escribió el libro "Llaves del éxito para niños", libro que le ha llevado a la cima a muy corta edad. Ha aparecido en Forbes, Inc, Huffington Post entre muchos otros medios. Caleb da charlas de motivación por todo el mundo y es contratado por grandes empresas para que motive a su personal. Solo 14 años.

Ben Pasternak

Tech Genius

IG: @BenPasternak

Ben es un australiano de 16 años que ha diseñado diferentes aplicaciones. Algo que me sorprendió de su historia es como inversionistas de Silicon Valley quisieron llevárselo, pero sus padres dijeron que querían que el terminara el colegio y fuera a la universidad. Hicieron un trato y le dijeron que si obtenía el dinero necesario podría tomar el rumbo que quisiera. Sus padres no se imaginaban que el podría hacerlo. Ben recaudó dos millones de dólares. Vive en Nueva York y dirige la compañía que fundó. Todos sus empleados son mayores que él.

Fernando Anzures

Fundador Liquid
Thinking/Conferencista/EXMA

IG: @fanzures

Fernando es un emprendedor de México que también conocí durante una conferencia. Una de mis charlas favoritas de todos los tiempos fue la que Fernando dio. Desde que lo oí hablar vi en el un mentor quise conocerlo y el accedió a ser parte de este proyecto.

Max Lenderman

CEO School

Conocí a Max en un evento en la República Dominicana donde estaba exponiendo acerca de marketing. Actualmente es el CEO de School, y trabaja con instituciones como Pencils of Promise. Es una persona con un increíble palmarés gracias a sus aportes en mercadeo. Es también escritor de dos libros y una autoridad en el tema de Marketing Experimental.

Sahil Lavingia

CEO Gumroad

Twitter: @shl

Sahil es un emprendedor de 24 años y el fundador y CEO de Gumroad, compañía que fundó a los 19 años. Recaudó un millón de dólares en unos días para su emprendimiento. A su corta edad, Sahil fue uno de los creadores de Pinterest y ha sido destacado en medios como Forbes, Business Insider entre otros.

Mickey Haslavsky

Co-fundador RAPID API

FB: @mikiarlo3

Mickey es un emprendedor de Israel. Con solo 22 años es uno de los cofundadores y el gerente general de Rapid API. Encontré un reportaje en Forbes acerca de esta empresa y sus fundadores e hice todo lo posible por contactarlos. Increíblemente me respondieron rápidamente y Mickey accedió a ser parte de este proyecto y usar su cara en nuestro libro.

Gian Pereyra

CEO de Kikaboni

IG: @GianLuis

Tengo el privilegio de conocer personalmente a este emprendedor. Gian es el presidente de la empresa de pita chips orgánicos, Kikaboni. Su empresa empezó en Cabarete Republica Dominicana, y ya exporta a México y Estados Unidos. Gian fue la primera persona que leyó el libro y decidió apoyarme.

César Cordero

Director Dale Carnegie Dominicana

Cesar es uno de mis primeros mentores. Como director de Dale Carnegie y coach, fue quien me entrenó directamente en liderazgo y comunicación. Una persona muy influyente en todo mi crecimiento personal y profesional.

Katherine Motyka

Emprendedora Social

IG: @jompeame

Yo conocí a Kathe a principios de 2014 en una actividad gubernamental para propulsar el emprendimiento. Era mi primera actividad de este tipo y estaba participando como voluntario. Katherine era una de las juezas. Yo su fan. Con el tiempo hemos coincidido gracias a nuestros emprendimientos y Motyka quiso apoyarme en el libro también. Katherine es la Presidente de la primera plataforma de "Crowdfunding" en República Dominicana.

Luis David Sena

CEO de Edupass

IG: @L_David_Sena

Luis David y yo estudiamos en el mismo colegio. Él me lleva algunos años y comenzó a emprender temprano. He tenido el privilegio de verlo desarrollarse y aprender de él. Es una persona que me ha dado consejos de negocios y es un ejemplo. Su empresa ayuda a estudiantes a lograr ingresar a universidades de todo el mundo.

Ovi Negream

CEO de Nugget App y Co-fundador de SocialBee.io

IG: @getnuggetapp

La primera vez que supe de Ovi, fue por un ebook acerca de cómo hacer un lanzamiento de un producto digital exitosamente que se hizo viral luego del lanzamiento de su aplicación móvil. Apenas empezaba mi carrera de emprendimiento y Ovi se convirtió en uno de mis modelos. Un año después de mucho trabajo tuve la oportunidad de conocer a Ovi y tener una reunión con él. Me ayudó con muchos consejos y es hoy un amigo.

Ángel Masegosa

CEO de Éxito Comunicaciones.

www.angelmasegosa.com

Conocí a Ángel mientras daba un conferencia acerca de marca personal y redes sociales. Una de las razones por las que tanto me gusta Ángel, es porque tan solo unos años atrás, después de visitar la Republica Dominicana para una conferencia, decidió arriesgarse y crear su propia compañía. Se lanzó, aceptó el reto y ahora tiene su propia consultora. En un libro donde el tema central es salir de su zona de confort y tomar riesgos, Ángel es un ejemplo palpable de la teoría hecha realidad.

José Miguel Checo

Encargado de Emprendimiento en Ministerio de Industria y Comercio

Don José Miguel es uno de mis mentores mas cercanos. Ha estado cerca de mí y mi familia por muchos años y me ha prestado su ayuda cada que vez que he necesitado consejos, recomendaciones, etc. Su trabajo consiste en contribuir con el desarrollo del emprendimiento en nuestro país. Tal vez uno de los pocos empleos que me llamaría la atención.

Hostos Rizik

Presidente Fundación Hostos Rizik/Director programa radial Modo Opinion

IG: @hostosr

Hostos empezó su carrera desde muy joven. Pocos jóvenes, a su edad, han logrado tener tanto impacto. Su fundación ha logrado cambios sustanciales en nuestro país. También es el locutor mas joven en llevar un canal de radio en nuestro país.

Hostos no solo ha dado su amistad, si no que ha aportado para la realización de este proyecto con mas que su presencia.

Daniel Marmolejos

Presidente de OptiMax

IG: @optimaxdr

Antes de entrar de lleno en mis emprendimientos y tenia muchas preguntas acerca del mundo de los negocios, Daniel fue una de las primeras personas que accedió a ayudarme y responder esas preguntas. Optimax es una de las ópticas de mayor crecimiento en la República Dominicana y es un honor para mi poder llamar a Daniel uno de mis primeros mentores.

Christian Llenas

CEO de Room 1909

IG: @room1909_official

Christian es otro de la lista de emprendedores dominicanos. Es el presidente de Room 1909, que es una empresa de moda en Dubái. Hacen trajes y camisas a la medida. Desde hace tiempo Christian ha sido cercano a mí. Tuve el privilegio de ver lo que él estaba haciendo antes de que saliera al público, y como se esperaba, todo un éxito.

Rainer Mallol

Presidente de AIME

IG: @RainierMallol

Mallol es otro de los orgullos locales de nuestro país. Es el presidente de una empresa que utiliza inteligencia artificial para prevenir epidemias. Es uno de los lideres juveniles de las Naciones Unidas y ha recibido premios en todo el mundo por sus aportes a la salud. Ha sido destacado en Forbes entre otros medios de renombre mundial.

Theo Galan

Fundador World Crowns

IG: @TheoGalanJr

Theo es un emprendedor de los negocios multiniveles. Tuvo la visión de crear una plataforma dentro de un MLM que fuera atractiva para los jóvenes. Theo logró su meta y es libre financieramente, ahora ayuda a otros a hacer lo mismo y da charlas de emprendimiento por todo el mundo.

Félix Bodden

Ilusionista

IG: @FelixBodden

Definitivamente uno de los emprendedores más interesantes de esta lista. Cuando estaba en la universidad, Félix me hacía algunos trucos de cartas y hablábamos de las pocas oportunidades para este tipo de artistas en el país. Él no se rindió, siguió trabajando y está cosechando los resultados. Recientemente fue invitado a Las Vegas para participar en el programa "Penn & Teller; Fool Us" y orgullosamente representó a nuestro país.

José Martin Morillo

Director de la Carrera de Mercadeo en la Universidad Iberoamericana(UNIBE), Innovación y Mercadexpo.

José Luis es la persona encargada de uno de los mejores eventos de mercadeo en toda América Latina, según muchos de los conferencistas que han participado en la misma, Mercadexpo. La razón por la que me parece tan atractivo el trabajo de Morillo, es por los retos y dificultades que pasan sus estudiantes durante ese proceso. Se quejan y experimentan todo tipo de frustraciones. Sin embargo, es tal vez de todo lo que aprenden en la universidad, lo más cercano a la realidad y lo que más los prepara. Con más personas como José Luis en las universidades, los jóvenes estaríamos cada vez más preparados para los retos reales del mundo profesional.

Josué Peña

Influencia en Instagram

IG: @elationfootball

Josué es un emprendedor dominicano que reside en los Estados Unidos. Es mi amigo de hace muchos años y mi socio en uno de mis emprendimientos. Josué empezó manejando cuentas pequeñas en Instagram y haciéndolas crecer a seis y siete cifras. Su popularidad llegó a un nivel que ahora esta trabajando junto a Grant Cardone para un curso de Instagram. Es también cofundador de Digital CEO's.

Isaac Colón

CEO Koala Media Group

IG: @koalagroup

Isaac no es solo un socio, es un hermano y uno de mis mejores amigos. Desde pequeños hemos sido muy cercanos. Sus emprendimientos y crecimiento como emprendedor han creado una competencia sana para que ambos queramos ser cada vez mejores.

Bibliografía

Wikipedia. (2013). Nick Vujicic. Mayo 2016, de Biografía Sitio web: https://es.wikipedia.org/wiki/Nick_Vujicic

Oddee. (2011). 10 Most Amazing Armless People. 2016, de Superación Sitio web: http://www.oddee.com/item_97470.aspx

Marcus Sheridan. (2011). 7 Reasons Why "C" Students Crush "A" Students When It Comes to Online Marketing. 2016, de La escuela y el éxito Sitio web: https://www.thesaleslion.com/online-marketing-success-characteristics/

Huffington Post. (2016). Ernst & Young Removes Degree Classification From Entry Criteria As There's 'No Evidence' University Equals Success. 2016, de Títulos Universitarios Sitio web: http://www.huffingtonpost.co.uk/2016/01/07/ernst-and-young-removes-degree-classification-entry-criteria_n_7932590.html?edition=uk

Entrepreneur, Erika Napoletano. (2011). Humility: An Undervalued But Crucial Business Asset. 2016, de Humildad Sitio web: http://www.entrepreneur.com/article/219613

Bloomberg. (2014). *Elon Musk: How I Became The Real 'Iron Man'*. 2016, de Biografía Sitio web: https://www.youtube.com/watch?v=mh45igK4Esw

Gary Vaynerchuk. (2016). *Luis Ortiz, Real Estate Lead Generation & First Jobs | #AskGaryVee Episode 221*. 2016, de Trabajo Sitio web: https://www.youtube.com/watch?v=KZMyCj-AK-g

TechTarget. (2014). *What is E-business?*. 2016, de E-commerce Sitio web: http://searchcio.techtarget.com/definition/e-business

CNBC. (2014). *Ordinary folks who became millionaires on YouTube*. 2016, de Youtube Success Sitio web: Http://www.cnbc.com/2014/05/10/-folks-who-became-millionaires-on-youtube.html?slide=2

INC. (2014). *40 Young People Who Became Millionaires Before They Were 20.* 2016, de Young Success Sitio web: Http://www.inc.com/john-boitnott/40-young-people-who-became-millionaires-before-they-were-20.html

Fraser Doherty. (2011). *Biography.* 2016, de E-commerce Sitio web: Http://www.fraserdoherty.com/pages/biography

Eric Ries. (2011). *The Lean Startup.* US: Crown Publishing Group.

Gary Vaynerchuk. (2009). *Why Now is the Time to Crush it.* US: Vaynerchuk.

Malcolm Gladwell. (2008). *Outliers.* US: Little, Brown and Company.

Libros recomendados

- The Lean Startup - Eric Ries

- Crush it – Gary Vaynerchuk

- Jab, Jab, Jab, Right Hook – Gary Vaynerchuk

- Outliers – Malcolm Gladwell

- Think and Grow Rich – Napoleon Hill

- Tribes – Seth Godin

- Zero to One – Peter Thiel

- Why "A" students work for "C" students – Robert Kiyosaki

Acerca del autor

Gabriel es un emprendedor de 24 años de la Republica Dominicana. Sin una familia poderosa o recursos propios, Gabriel ha podido desarrollar distintos negocios y ayudar a muchas personas en el proceso. Empezó con una empresa de productos de protección personal industrial, creó una marca de productos electrónicos, moda, redes sociales y tiendas en línea.

Gabriel es cofundador y vicepresidente de la Fundación Aspiras. Esta es una fundación que proporciona educación y recursos a los niños menos privilegiados a través del fútbol.

La aún joven organización ha ayudado a miles de niños en la República Dominicana con más de 12 escuelas patrocinadas en todo el país.

www.ingramcontent.com/pod-product-compliance
Lightning Source LLC
Chambersburg PA
CBHW071404170526
45165CB00001B/178